■民族文字出版专项资金资助项目

◆桂南平话研究

桂南平话的形成与嬗变

主　　编　郑作广
执行主编　周本良
学术顾问　刘村汉
本书著者　郑作广　李连进

Gvangjsih Minzcuz Cuzbanjse
广西民族出版社

图书在版编目（CIP）数据

桂南平话的形成与嬗变/郑作广，李连进著. —南宁：广西民族出版社，2022.11
（桂南平话研究）
ISBN 978-7-5363-7619-9

Ⅰ.①桂… Ⅱ.①郑… ②李… Ⅲ.①粤语-方言研究-广西 Ⅳ.①H178

中国版本图书馆 CIP 数据核字（2022）第 190646 号

◆桂南平话研究
桂南平话的形成与嬗变
郑作广　李连进　著

出 版 人：石朝雄
策划组稿：雷　舟　郑季銮
责任编辑：郑季銮
责任校对：翟芳婷
装帧设计：林武圣
责任印制：莫晓东　梁海彪
出版发行：广西民族出版社
地址：广西南宁市青秀区桂春路 3 号　邮编：530028
电话：0771－5523216　传真：0771－5523225
电子邮箱：bws@gxmzbook.com
制版印刷：广西壮族自治区地质印刷厂
规　　格：787 毫米×960 毫米　1/16
印　　张：10
字　　数：130 千
版　　次：2022 年 11 月第 1 版
印　　次：2022 年 11 月第 1 次印刷
书　　号：ISBN 978－7－5363－7619－9
定　　价：36.00 元

“桂南平话研究”课题组

课题组组长	郑作广
课题组成员	郑作广　周本良　刘村汉　李连进 韦彩珍　覃宇环　黄英富　杨丕芳 韦扬波　莫瑞扬　陈仕华　梁伟华 李永玲　覃世贞　黄海瑶　赵　媛 黄以进　曹光新

序

平话，为广西壮族自治区独有的汉语方言，分布于广西各地，使用人口至少400万，使用的民族有汉、壮、瑶、侗、仫佬等广西世居民族。

平话在广西流行使用的年代久远，其形成发展最早可追溯到秦汉时期，历史上曾处于广西通用语言的强势地位。语言是民族文化的积淀，作为在多民族聚居地形成发展起来的非物质文化遗产，广西平话是秦汉以来民族语言融合的活化石，其中蕴藏着丰富的历史文化信息。

全面、系统、深入地研究广西平话，对于研究广西世居民族历史、民族语言和方言文化，保存和传承广西口传历史文化语料、有声语料，抢救濒危方言等，都具有很好的学术意义。语言是民族文化的底层，平话作为一种较早进入广西多民族边疆地区的汉语方言，之所以能在这一地区形成发展起来并保留至今，且为多个民族共同使用，这与各民族的文化认同、心理认同、社会认同等不无很大关系。以广西平话为切入点进行深入研究，这不仅对于研究广西各民族历史文化和广西各民族文化融合，推进广西各民族文化进一步认同有重要的现实意义和深远意义，而且对于研究中华民族多文化的语言认同，推动各民族团结和维护边疆稳定有着很强的政治意义和民族意义。

广西平话可划分为桂北平话和桂南平话。我们认为，要对广西平话做全面深刻的认识，就一定要建立在对桂北平话和桂南平话系统调查研究的基础之上。没有全面的、系统的、深入的、实实在在的语言材料，仅靠局部的、零碎的、片面的语言材料去进行研究，那是不够科学的，其结论也未必能立得住、立得稳、立得远。基于这样的考虑，我们早在2001年就开始策划，并着手在充分利用前人调查成果的基础上，组织了一批专家学者分片区做一次扎实、全面、系统、深入的调查研究。对于桂北平话，我们已于2002年至2006年组织过调研并出版了“桂北平话与推广普通话研究”系列丛书（为国家语委“十五”科研课题成果，获2008年广西第十届社会科学优秀成果一等奖），共12本专著，主编为郑作广，执行主编为林亦和刘村汉，由广西民族出版社出版。而对于桂南平话，虽然也有不少学者进行过研究探索，但全面、系统、深入的调查研究仍显不足。这次我们组织一批专家学者对桂南平话进行大规模的调查研究并出版这套丛书，就是要填补这一空白。我们的意图是完成这一次批量的、大规模的调查，并将研究结果出版后，加上之前已出版的桂北平话研究系列丛书，两大调研成果将为我们，也为其他专家学者对广西平话的再认识、再探索、再定位打下坚实的基础，提供科学的依据。

这套丛书共12本。其中的10本为桂南平话10个语言点的调查研究成果，这10种方言是：宜州德胜百姓话、宜州莫村百姓话、宾阳大桥客话、融安百姓话、三江六甲话、龙州伝话、横县客话、田东蔗园话、上林客话、扶绥平话。余下的两本为桂南平话综合性研究专著，一本为《桂南平话的形成与嬗变》，另一本为《桂南平话比较研究》。

10个语言点调查研究形成的10本专著，均采用统一的编写体例，以利于语言点的系统研究。每本书分概述、语音研究、词汇研究、语法研究、原始语言材料等几大部分。概述部分详细介绍方言点的地理、历史、社会和语言使用等情况。语音部分重点归纳语音系统，声韵调配合关系，突出古今对照和语音特点。词汇部分由词汇特点和分类词表构成。语法部分包括词法特点、句法特点、词类特点、语法例句等内容。最后是分类列出原始语言材料（谚语、民歌、故事等）的音标和文字记音。每个语言点的调查研究我们还力求做到两点：一是不仅要探究自身的发展规律（内因），也要探究外部（相互影响）的发展规律（外因）。在探究中既要做历时比较（如中古音等），又要进行共时比较。譬如，与平话自身内部（桂南平话、桂北平话）的比较，与普通话的比较，与有地缘的汉语方言的比较，与当地少数民族语言的比较等。二是在历时、共时比较中探究该语言点发展变化的原因、特色、规律，通过列举声、韵、调、词汇、语法或一些地方方言（谚语、民歌、故事等）若干例子阐释，以揭示该方言与其他语言（方言）的一些共同点、分歧点乃至该语言点的一些发展变化的趋向等。

《桂南平话的形成与嬗变》和《桂南平话比较研究》这两本综述性研究专著，在立足前面10个调查研究点语言材料的基础上，充分利用已有的桂南平话的研究成果对桂南平话进行综合分析。前一本着重研究桂南平话的形成、发展、演变、传播等，其中专辟章节研究桂南平话与社会认同问题和以桂南平话为例研究广西汉语变异方言问题。后一本着重研究桂南平话与各个语言调查点的比较，譬如，与桂北平话的比较，与古汉语的比较，与普通话的比较，与广西粤方言的比较，与广西的一些少数民族语言的比较，等等，从而通过与不同的语言比较来探究其相互关系及内部发展规律。

全面、系统、深入地进行桂南平话的调查研究，挖掘其深层特征，探寻其形成发展的规律，科学揭示其真实面貌，是一次十分艰难的探索。因调查研究团队水平有限，书中如有不妥之处，敬请大家批评指正。

郑作广

2014 年 9 月于南宁相思湖畔

凡　例

1. **繁简字**　作者叙述和分析的语句，使用国家推行的通用规范文字。记录方言时，音义有区别的字用繁体字和异体字加以区分。例如：用“髮”表示“头髮”的“髮”，以区别“发生”的“发”；用“舖”表示“店舖”的“舖”，以区别“床铺”的“铺”。

2. **大小字**　正文用五号字，随文夹注用六号字（或五号字下标）。例如：肚腹～｜鬏头发盘成的结。表格用小五号或六号字。

3. **又**　用于单字的注释，表示又读音。

4. **虚缺号**（□）　写不出的字用虚缺号表示，一个虚缺号只代表一个字。

5. **代替号**（～）　在注文中代替被注的字，例如：难困～｜车～马炮。在例句中代替所论列的词。

6. **音标**　记录方言用国际音标，以数字表示声调。

7. **方括号**（[　]）　在叙述性文字中加在国际音标（含紧跟着的数码声调）外面。如果有几组音标，中间没有汉字，就只用一对方括号，各组之间用空格分隔，不加标点。例如：[p t k]。单排的例子和表格（有线表和无线表）中的国际音标不用方括号。

8. **圈码**（①②③……）　圈码用于例句编号，在单字音表中代替写不出的字。

9. **竖线**　单竖线“｜”用于例子之间的分隔，双竖线“‖”用于例子之间大层次的分隔和词语正式注释之外的说明。

10. **字下面的附加符号**

＿（单横线）　表示白读音。

＝（双横线）　表示文读音。

‥‥（虚线）　表示同音代替字。

～（波浪线）　表示训读字。

＿（粗横线）　表示合音字。

目录

第一章 “平话”名称的由来

平话是广西境内历史非常悠久的汉语方言，包括桂北平话和桂南平话。平话在广西各民族语言交流中曾具有权威地位，后桂北平话的权威地位约于元代后被官话取代，桂南平话的权威地位则约于民国中期后被广府片粤语取代。平话别称众多，如“蔗园话”、“横塘话”、“宾阳话”、“客话”、“廉州话”、“海獭话”、“新立话”、“本地话”、“百姓话”、“土蚜话”（含贬义，“蚜”是“小青蛙”义，“土蚜话”意为像青蛙叫声的难以听懂的乡下土话）、“伢话”、“六甲话”、“地佬话”、“麻佬话”、“山佬话”、“山话”、“八都话”、“九都话”、“封川话”、“开建话”、“连山话”、“土白话”、“红瑶平话”、“平声”等。其中称说范围较广的有“平话”“蔗园话”“客话”“百姓话”“土蚜话”“地佬话”“本地话”“土白话”等，这些名称中作为自称的有“平话”“客话”“百姓话”“本地话”“土白话”。“平话”这一方言名称通行最广且多不为广西平话各方言点群众所排斥，这其中可能有两个主要原因：一是桂林市、南宁市这两个先后成为广西省会的城市及其周边县（市、区）的汉族人均认为他们所操的语言为平话，是其“祖宗讲的话”；二是较早的民国时期的《广西民政视察报告汇编·言语种类及区域》（1932 年）和《广西年鉴·民族语言》（1935 年）均将这一汉语方言称为平话。

“平话”的意思是什么呢？1960 年刻印，由广西师范学院（今广西师范大学）中文系主编的《广西汉语方言概要（初稿）》

(第一部系统论述广西汉语方言的学术著作，是在 1956—1959 年间全国大规模方言普查背景下，经广西语言学者努力工作而获得的富有多学科理论价值的重要成果）论述说：“‘平话’这个名称是从历史上沿用下来的。平话的‘平’是指什么而言，为什么这么叫，我们现在还考察不出来。据说这种话的人谈：‘我们的话说得平一些，这大概是叫平话的原因。’所谓‘平’是指声调曲折少呢还是指其他，他们也说不出来。所以，关于平话名称的来源和意义只有暂时存疑。”近些年来，有些学者对“平话”的意思做了解释。例如，有人认为是宋代狄青军队平南军时所操的话之意（见《广西通志·汉语方言志》，广西壮族自治区地方志编纂委员会编，广西人民出版社，1998 年 12 月第 1 版，第 255 页。下文简称《方言志》）。又有人认为“平话”与“白话”义同，是“平白如话”，为“贴近生活的日常口语”之意（见广西大学科学技术研究重点项目《广西平话地位问题研究·结题报告》，第 381 页，项目编号 2004ZD05）。

我们认为，“平话”的最初本义是“我们自己的话”，其中的“平”是“我们自己”，即说话者对己方的集体总称之意。主要理由是：在今广西南宁市周围以至左右江地区，玉林、钦州、北海以及广东吴川（宋代前属广西管辖）一带讲平话的人大多把“我们自己”称为“伝”或“伝队”“文队”。如下表：

项目	方言点											
	南宁老口村	南宁心圩村	崇左濑湍镇	龙州上龙乡	宁明海渊镇	百色田州镇	百色那毕乡	玉林水鸣镇	钦州长滩镇	北海廉州镇	云南剥隘镇	广东吴阳镇
音义（我们自己）	伝队 uɐn^{31} tɔi^{22}	伝队 van^{31} tɔi^{22}	伝队 vɐn^{32} tɔi^{22}	文队 mɐn^{31} tɔi^{22}	文队 mɐn^{31} tɔi^{22}	文队 mɐn^{31} tɔi^{22}	伝队 vən^{22} tui^{22}	伝 van^{13}	伝队 vɐn^{31} thui^{41}	伝 vɐn^{45}	伝队 vən^{22} tɔi^{22}	伝 vɐŋ^{33}

在左右江地区及南宁市城区周边的武鸣、马山一带讲平话的人自称他们是“伝人”，他们所讲的话叫“伝话”。在百色市右江

区那毕乡讲平话的人中流传这样一首民谣：“伝人搞讲村，搞得头都□[ŋɔŋ54]发昏。村人搞讲伝，搞得头都□[ɬən42]发昏”。日本松本光太郎著，龚永辉和日本多田诚治译的《汉族平话（蔗园）人考》[见《广西民族学院学报》（哲学社会科学版）1997年第19卷第1期]如此论述广西田东县平马镇四平村讲平话的人：“四平村的‘蔗园人’自称‘伝人’（‘伝’字可能是壮族等用的土俗字）或‘文人’（有文化、有文字的人）；相反，他们叫壮族为‘村人’或‘土人’。”

此外，在邻近广西的湖南省通道侗族自治县菁芜洲镇今有一个万余人的语言社团，他们的语音特点（如全浊音今读）、基本特征词（如“回家、厨房”），与今广西平话一致，与其周边侗语相异，他们也将“我们自己”称为“伝[vən11]”（见杨锡《湖南通道侗族诗歌中的汉语平话借词》，《民族语文》1993年第6期），并且曾在20世纪50年代进行民族成分识别时上书中央民委，申请将其作为一个族称为“伝”的独立民族（见杨锡的《“本地人”风俗情况调查·来往通讯》）。

我们由此认为，“平话”中的“平”与“伝话”中的“伝”实际上都是“我们自己”的意思，其中的“平［pɐn］”的读音只是后来作为书面语转用时与“伝［vɐn］”的相同发音部位的自然音转（如古印度大乘佛教中观学派理论体系的建立者之一“deva”在汉译时写并读为“提婆”）。

从以上，我们可推知：(1) 约在中唐至宋的数百年间，为防御当时南诏、交趾等对岭南西部的侵扰及便于统治，中原政权先后将岭南西道治设于南宁，广南西路治设于桂林。在此期间，人数众多且自称为“伝”（或“文”）的言语集体成为当时广西权威方言——平话的主要使用者，这个言语集体中有屯戍的汉族兵士、商人、城郭居民，也有已实现了语言换用或操民族语言、汉语，被一定汉化的壮、侗、苗、瑶等少数民族的先民们。(2) 自从“伝”产生了其书面转读的形式“平”，从而“伝话”这一方言自称有了另一个同义名称“平话”后，在官方文献及一部分操平话的人（主要是操桂北平话和今操桂南平话的部分中青年人）的口语里，这些人所操的方言就被称为“平话”。（3）今时一些学者则可能不知“平话”中的“平”只是一个仅取其音的借音字，于是，就据汉字“平”的字义做出了上述的“平话”是“狄青军队平南军时所操的话”或浅显通俗、“平白如话”等意思的推断。（4）“平话”或“伝话”这一方言名称的取名理据与客家话自称为“偓［ŋai］我话”的取名理据相同。

第二章　使用平话及使用桂南平话的人口

首次提到使用平话的人口的也是1960年刻印的《广西汉语方言概要（初稿）》，这部著作的“第五章　平话”中提及：“说平话的人估计有一百万人左右。”此后，先后提到使用平话的人口的论著及论述有：

1. 杨焕典、梁振仕、李谱英、刘村汉等的论文《广西的汉语方言（稿）》：“平话是广西汉语第四大方言……使用人口二百多万。”

2. 张均如的论文《记南宁心圩平话》：“广西平话大体上可以分为桂南平话和桂北平话，使用人口至少有二百万。其中桂南平话人口超过半数。”

3. 中国社会科学院、澳大利亚人文科学院合编，香港朗文出版（远东）有限公司1987年出版的《中国语言地图集》：“平话是广西汉语第四大方言……平话人口二百多万，桂南片人口超过半数。”

4. 张均如、梁敏的论文《广西平话》：“操平话的人口没有单独的统计数字，据较保守的估计，在广西说平话的不下三四百万人。”

5. 李连进的论文《平话的分布、内部分区及系属问题》：“从历史和现实看，平话是广西较早的方言，也是目前广西最大的方言，今天它在广西的使用人口至少有700万。”

6. 中国社会科学院、澳大利亚人文科学院合编，香港朗文出版（远东）有限公司2008年新版的《中国语言地图集》："平话和土话，分布于湖南、广西、广东三个省区，总人口778万，共60个县市。分为四片。"

《广西汉语方言概要（初稿）》认为，说平话的人"估计有一百万人左右"。对使用平话的人口数量做出如此低的估算，主要原因可能是当时广西方言的普查点多、时间紧，调查者广西师范学院工作组等只对桂南平话南宁亭子圩和桂北平话灵川三街两个代表点做了调查。

在《广西汉语方言概要（初稿）》这部著作编成25年后的1985年，随着对平话的进一步了解，《广西汉语方言概要（初稿）》的主要作者杨焕典等在他们刊登于《方言》的论文《广西的汉语方言（稿）》中，对平话人口的数量做了这样的修改："平话是广西汉语第四大方言，使用人口二百多万。"并在此论文中提到了"来自古全浊音的塞音和塞擦音，桂南平话同勾漏粤语不论平仄，都读不送气清音"，认为存在着如何划分它们的困难。

紧接着，张均如的论文《记南宁心圩平话》认为广西平话"使用人口至少有二百万"。而同年出版的《中国语言地图集》也说"平话人口二百多万，桂南片人口超过半数"。《中国语言地图集》的这一说法可能是参照了杨焕典等的《广西的汉语方言（稿）》及张均如等的意见而得出的（见《广西的汉语方言（稿）》中的"《方言》编辑部按"）。

事实上，按照广西存在平话的县的县志记载，我们可以计算出，仅桂南平话人口就不止200万。如民国二十六年（1937年）《邕宁县志·言语》："兹就当地日常交际而定为固有之音者则有四，所谓官平土白是也。……然总以平话为流通。则平话实为我县言语之代表。"1995年版《邕宁县志》（广西壮族自治区邕宁县志编纂委员会编，中国城市出版社出版）："外迁定居于左右江一带，讲邕宁平话，种甘蔗，被当地人称为'蔗园人'，其后裔数以10万计。"这本县志载，1990年邕宁县总人口为835794人。1987年版《宾阳县志》（宾阳县志编纂委员会编，广西人民出版社出版）："客话，又称本地话，对外称宾阳话。……讲客话的散居全县各地，占全县总人口的70％左右。"这本县志载，1985年宾阳县总人口为775493人。1989年版《横县县志》（横县县志编纂委员会编，广西人民出版社出版）："汉语有客话、新民话、普通话、白话。……壮汉民族交往多是讲客话，白话和壮话次之。"这本县志载，1985年横县总人口为899133人。2004年版《南宁市郊区志》（南宁市郊区地方志编纂委员会编，方志出版社出版）："郊区的语言主要有平话和壮话两种。……据2000年统计，……郊区使用平话的人约24.3万人，占郊区人口的49.16％。"这样，仅将当时邕宁县、宾阳县、横县三县总人口2510420人的70％加上南宁市郊区的24.3万人就已超过了200万人。而这个数目还未加上当时左右江及桂北平话片的平话人口。如1996版《临桂县志》（临桂县志编纂委员会编，方志出版社出版）："汉语有官话、平话和客家话3种方言。平话使用人口最多，约37万人，占总人口的90％以上，分布范围遍及全县14个乡镇。"1997年版《灵川县志》（灵川县地方志编纂委员会编，广西人民出版社出版）："县境汉语方言有官话（西南官话）和平话二种；少数民族语言有壮话、瑶话二种。前两种全县通行。"这本县志载，1990年灵川县总人口为329406人。1998年版《融水苗族自治县志》（融水苗族自治县地方志编纂委员会编，生活·读书·新知三联书店出版）："融水汉族方言主要有4种：土拐（"拐"应为"蛠"。下同。——编者注）话、客家话、桂柳话、六甲话。土拐话主要分布于境内的融水镇、融水乡、和睦镇、永乐乡……六甲话分布在大浪乡一带……。本节主要介绍土拐话，即平话。"这本县志载，1982年融水苗族自治县总人口为380979人。由此可见，在上述的1987年前的方言论著中，讲平话人口的数量是被大大低估了。

在1987年版《中国语言地图集》出版近10年后，经过对平话的进一步调查及研究，张均如、梁敏在《广西民族研究》上发表了三期连载的论文《广西平话》，在论文中进一步提出了"在广西说平话的不下三四百万的人”的新看法。而刘村汉则更具体地指出：“（桂南、桂北）两种平话的总人口 390 多万。”

从以上所述，我们可以知道，随着对平话更全面、深入的调查与研究，关于使用平话的人口数量的估算逐步更新，人口数量有了较大幅度的增加。

王福堂指出，“广西平话、湘南土话和粤北土话是同一种方言”（见王福堂《平话、湘南土话和粤北土话的归属》，《方言》2001 年第 2 期），2008 年新版《中国语言地图集》也将“平话、土话”独立为一个大区，并称其“总人口 778 万”。在这个基础上，经过 10 余年的调查，我们可以认为，如再加上我们这些年来先后对勾漏片、钦廉片方言的专门调查，论证了这两片方言应从粤语中划出而归入桂南平话，平话应是广西及其周边地区汉语的第一大方言，讲平话的总人口应在 1000 万以上，其中使用桂南平话的人口应在 600 万以上。

第三章　桂南平话操说人的组成来源

桂南平话是一种汉语方言，那么它的操说人都是汉族人吗？我们推测古平话的最早操说人是当时主要生活在苍梧郡的苍梧族人。而广西讲平话的人大多说其祖先来自山东省，如南宁市城郊亭子乡白沙村李姓立于清代乾隆年间的先祖墓碑刻字有曰：“公讳如楷，字宪章，姓李氏，籍山东，先世徙居宣邑（今广西邕宁）之平南乡。”再如，广西横州雷氏宗祠于清光绪三十四年（1908 年）勒刻的《鼎建雷氏本枝始祖祠碑记》载：“我始祖大据公来自山东青州府益都县野鸭屯白马堰。”又如，广西临桂保宁乡祥田于氏宗谱载：“始祖应园公，配郑氏，原山东省青州府益都县大巷村人，官任广西省桂林府，以后迁居义宁县白龙村（今属广西桂林市临桂区五通镇）。”有些则说得更具体，认为其来自山东，是随狄青南征来的。广西讲平话的人或说其先祖来自山东省登州府、莱州府。还有南宁市城郊讲平话的人多说其先祖来自“山东白马”，“白马”可能是狄青军队或某支平话人移民出发前集结地的地名。另有少部分平话人说其先祖来自江西、福建、湖南、江苏等地。

据史籍所载，北宋皇祐五年（1053 年），狄青平定广南西路的侬智高后，他的军队的一部分人就留驻当地。明代嘉靖《南宁府志・卷一》载：“南宁府士厚民纯……人品同青、兖。”《永乐大典・卷 8507・南宁府・建武志》载：“军额……澄海三十一指挥，额管五百人，营在东朝天门内。澄海三十二指挥，额管五百人，营在州东白塔城望京门内。澄海三十四指挥，额管五百人，营在子城之东。……十一指挥，额管五千一百人。”据《宋史·兵志》载，“庆历中，招收广南巡海水军忠敢、澄海”，“自侬智高之乱，戍兵逾二万四千”，“仍置走马承受二员，季入奏事。益募澄海、忠敢、雄略等军，以四千人屯邕州，二千人屯宜州，千人屯宾州，五百人屯贵州（今广西贵港市）”。《苏东坡奏议集·十四·卷二·登州召还议水军状》记载：“至庆历二年（1042年）（登州）知州郭志高为诸处差来兵马，头项不一，军政不肃，擘画奏乞创置澄海水军弩手两指挥。”除了桂南平话操说人有其先祖随狄青南征的族谱记载及口传之外，在桂北平话操说人中也有传讲狄青南征之事。如《临桂县地名志》（临桂县地名委员会编，内部资料，1986 年 10 月印）载曰：“传说宋代的狄青南征侬智高时，在两江城（今广西桂林市临桂区两江镇政府隔江相对约 200 米处，此古城基本面貌仍在）建立营盘，为抗敌要城，故得名两江城。”再看，今南宁市、桂林市这些古重镇的城区周围都有集中成片居住且均自称其所操母语方言为平话的人，可说明他们的先祖有的来自当时的屯守兵士。还有，从方言的渊源看，南北平话区的居民大多祖籍是山东青州、莱州、登州等地的，今胶东文登、荣城等地方言白读字尚有一批中古全浊塞音、塞擦音声母字念不送气清音（见钱曾怡《文登、荣城方言中古全浊平声字的读音》，《中国语文》1981 年第 4 期），表明其早期情况很可能与平话相同。

从以上方面看，说平话的人尤其是桂南平话操说人的先祖中，有一部分是来自宋代山东青州一带南征留戍广西州府治地的军人，他们带来的方言对平话的形成有着重要的影响。这样的看法应是可以成立的。但是从整个平话的形成历史来看，以上提到的时间、空间、人员来源固然是平话形成的重要因素，却不是唯一的因素。尽管平话的形成与南宁、桂林先后成为唐、宋时广西的首邑重镇有着重要的关系，但事实上，平话应是以自汉、唐以来从中原地区及鄂、湘等地进入广西一带的移民、军人等社会集团集体所说的汉语为主体，并同时处于与周边的少数民族语言以及后来的其他汉语方言相互接触、相互影响环境中，经过长期发展而形成的一种汉语方言。即它作为两广方言中历史非常悠久的本土方言，并非一次性地形成于一个特定的时期，而是自身演变、接触演变皆有的一种多层次的汉语方言。

这样，经过漫长的发展过程，平话尤其是桂南平话的主要操说人便转为自称为“伝”的言语集体，这个言语集体主要是已经实现了语言传承或语言换用的有壮侗语族血缘关系的平话先民们。

复旦大学生命科学学院的金力院士研究团队有一项研究，测定和分析了来自中国南北 28 个地区具有一定代表性的汉族人群的 Y 染色体（男）非重组区和线粒体 DNA（女）。其中一组数据的测定、分析结果显示，广西 Y 染色体（男）与北方汉族 Y 染色体的相同率较高，线粒体 DNA（女）与北方汉族的相同率在南方汉族里为最低（不到 1/4）；如果仅看父系，则南方汉族与北方汉族的 Y 染色体相同率最低的也是广西，仅有 60.8%（见文波、李辉《遗传证据支持汉文化扩散》，英国《自然》2004 年）。这说明广西汉族多数是北方汉族男性和南方少数民族女性的后代。这个结论为我们的观点提供了支持：桂南平话的主要操说人是已经实现了语言传承或语言换用的有壮侗语族血缘关系的平话先民。

第四章　桂南平话的源头及其孕育期

平话是广西及其周边地区独有的本土汉语方言，而其他也存在于广西的汉语方言，如官话、客家话、粤语、湘语、闽语等，均是其母体语言今仍存在的外来汉语方言，它们进入广西的时间不同，但它们进入广西的年代均晚于平话。

最早出现于广西的北来汉人部落应该是仓吾（又称为“苍梧”）。

苍梧部族是远古时期颛顼部族人仓舒之后（见《逸周书·王会解》）。以古音韵学和古辞学《尔雅·释诂》考之，可知“舒”即“吾”，“仓舒”即“仓吾”。《礼记·檀弓上》记载：“舜葬于苍梧之野。”“苍梧之野”也可简称为“苍野”。《左传·哀公四年》记载：“右师军于苍野。”杜预注“苍野在上洛县”，即今陕西商洛市商州区东南四十里的青山一带。《水经注》记载：“丹水自苍野又东历菟和山。”据上考之，可知苍梧部族的最早居留地应为今陕西商洛市商州区东南的丹水之滨。之后，苍梧部族接连遭到尧、舜部族的打击。《吕氏春秋》记载：“尧战于丹水之浦，以服南蛮；舜却苗民更易其俗。”在这样的打击下，居于丹水之滨的苍梧部族已被当时的尧、舜部族视为野蛮民族了，于是向南迁徙到今湖北丹江口市均县镇一带的沧浪之水。当时的苍梧部族在遭受打击的过程中，很可能其中的一部分已归服了尧、舜的部族。又据王夫之《楚辞通释·渔父序》所言：“汉水东为沧浪之水，在今均州武当山东南，渔父触景起兴，则此篇为怀王时退居汉北所作可知。《孟子》亦载此歌，盖亦孔子自叶、邓适楚时所闻汉上之风谣也。”由此迁徙地域、路线看，可知苍梧部族还是一个典型的傍水而居的汉族民系，即他们不愿意离开湖、河、江这样的生存环境。

至周初，楚人从丹水流域向南发展，苍梧部族受到威胁而继续南迁至长江以南和洞庭湖之北一带，于此有证的是，至今湖南岳阳县仍有叫“苍芜台”（即苍梧台）的地名。又《通典·州郡》载：“岳州，苍梧之野。”

又《太平寰宇记补阙》之“龙阳县”记载：“沧浪水在县西。”龙阳即今湖南汉寿县，这说明苍梧部族由洞庭湖北又迁到了洞庭湖南。《太平寰宇记》《舆地纪胜》都记载湖南武冈市境内有沧浪水，《战国策·楚策》有苏秦曾告诉楚威王说楚地“南有洞庭、苍梧”的记载。吴师道校注：“苍梧山在道州南。”又《山海经·海内经》载：“南方苍梧之丘，苍梧之渊，其中有九疑山，舜之所葬，在长沙零陵界中。”司马相如《上林赋》中的“左苍梧，右西极”则都指苍梧在今湖南宁远、道县一带。

至秦末，赵佗据南越称王，用武力平定西瓯、骆越，苍梧部族置于南越王赵佗的统治之下。赵佗曾封其宗族赵光为苍梧王。汉武帝元鼎六年（前 111 年）平定南越，于其地设立苍梧等九郡，其中苍梧郡的郡治就设于广信，即今广西梧州市与相邻的广东封开县一带。梁玉绳《史记志疑》引《史通·疑古篇》曰：“苍梧者，于楚则川号汨罗，在汉则邑称零、桂。地总百越，山连五岭。”这一带正是春秋末期直至西汉初期的苍梧部族的分布与迁徙地带。即在楚悼王和楚威王的两次大举南征中，苍梧部族不愿归服的族众由汉寿、益阳一带，渐次溯湘水、资水南迁到桂江、贺江流域，即今广西的北部、东部和广东的西部一带。以上所载的诸多“苍梧”“沧浪”等地名，皆源于苍梧部族在辗转迁移过程中所留。这正如钱穆《古史地理论丛·苍梧九疑零陵地望考》所言：“盖九疑苍梧之类，本非南方地名。自楚亡鄢郢，其遗民之远拓而南者，遂以北方故土雅名，移名南服，因而苍梧九疑零陵，各散一方，本属邻近之地，乃隔为遥远之区。”

这支苍梧部族独有的腰坑墓葬的分布特点也证明了此部族的迁徙过程与曾经的存在。

对腰坑墓葬为苍梧部族独有的墓葬形式的考定，见莫志东《试论两广地区腰坑墓的族属及其文化特征——炎帝后裔苍梧部落南迁两广》。两湖地区已发表发掘报告的腰坑墓共计23座，其中属商周时期的集中在湖北，而在湖南则未发现；属春秋时期的集中在湖南，湖北仅发现1座；属战国时期的集中在湖南东南部资兴市，湖北发现了1座属于楚国大夫的贵族墓葬。而属春秋末期至东汉初的腰坑墓葬，在两广地区共计发现175座，它们分别是：春秋末期墓2座，即广东乐昌市M119、M120；战国早期墓4座，即广东罗定背夫山M1、封开利羊墩M16、四会鸟旦山和高地园各1座；战国中晚期墓138座，即广东德庆落雁山1座、肇庆松山1座、广宁铜鼓岗和龙嘴岗4座、封开利羊墩25座，广西平乐银山岭87座、灵川七星坡6座、岑溪花果山14座；西汉早期墓27座，即广东广州9座、封开利羊墩4座，广西平乐银山岭12座、贵港罗泊湾2座；东汉墓4座，即广西钟山张屋东汉墓M29、M30、M34、M35。这些腰坑墓在地理分布上连成一片，北到灵川、平乐、乐昌，南到罗定、岑溪，西到贵港，东到肇庆、广州，覆盖西江、桂江等流域，集中在西江中游，尤其在封开利羊墩、岑溪花果山、平乐银山岭、灵川七星坡所形成的古代腰坑墓葬群，说明了这种墓葬形制应是当时当地聚居的苍梧部族的普遍习俗，具有民族特征。两湖两广地区腰坑墓葬不同之处是两湖的年代稍早于两广地区，而这正好说明了苍梧部族从北而南的迁移过程。两湖地区的23座腰坑墓葬在地理上和时间上的分布、分期则与上述的“苍梧台、苍梧山、沧浪水”等古老地名自北而南的先后出现相吻合。这些证明了两湖地区、两广地区的腰坑墓葬均是苍梧部族的墓葬形制。

至南越国时期，苍梧部族聚居在梧州一带，其范围应相当于两汉的苍梧郡，即北到荔浦、平乐，南到岑溪，东到肇庆，西到藤县，约共十县。今在原南越国的政治中心——广州也发现了腰坑墓葬，这则说明苍梧部族与南越国皇室、臣相吕嘉家族有了长期的政治联姻。而腰坑墓葬也正是在这一时期逐渐减少乃至消失的。

据以上综述可知，苍梧部族是主要自战国至南越国时期已迁移至广西的第一支北来的汉族民系。在这一民系的迁移史上，必有其悲壮的时期和事件，对此我们已不可得知。但它是来自中原的汉族，它的原始母语来自中原汉语，这是毫无疑义的。而自汉武帝平南越后，岭南原来由秦的南海、桂林、象三郡离析为南海、珠崖、儋耳、苍梧、郁林、合浦、交趾、九真、日南九郡，此九郡统辖于交趾刺史部，刺史部的治所设在苍梧郡的广信县。此后，苍梧部族的这一民系的名称便逐渐消失，但他们作为炎帝的后裔，仍生存在广西，延续至今天。

广信话就是由当时主要生活于苍梧郡约共十县的苍梧部族人操说的广西最早的汉语方言。由于广信是苍梧郡治所在地，所以称这一汉语方言为广信话。

当时这一广信话的面貌，可以从当时属交趾刺史部苍梧郡的今广东省封开县的开建话（其代表点是今封开县南丰镇，今封开县乃由原封川县、开建县组成，南丰镇为原开建县治所在地）的语音系统和基本词汇（包括身体部位、亲属称谓、劳动生产工具、房屋建筑、生活用具等词）中得以窥见。如其帮端两系部分字仍保留了“古无轻唇”、“古无舌上”、咸合三等字仍收[-m]尾等特征，表现了一些上古汉语的语音特点。以下我们主要结合 4 个方面（历史比较法、古平话与其各时期后代语的对应规则和规律、汉语音韵学的研究成果和文献、汉越语和平话的比较），构拟（以“*”标示）出当时广信话的音系（今开建话的音系见后文的“桂南平话各时期共时代表点音系简介”）。

*古平话（广信话）音系

（一）声母

p（帮非）	ph（滂敷）	b（并奉）	m（明微）				
t（端知）	th（透彻）	d（定澄）	n（泥娘）	ȵ（日）	l（来）	j（喻四）	
k（见）	kh（溪）	g（群）				x（晓）	ɣ（匣喻三）
ʔ（影）							
ts（灾精）	tsh（猜清）	dz（从情）				s（腮心）	z（沙邪）
tʃ（庄）	tʃh（初）	ʤ（崇）				ʃ（生）	ʒ（俟）
tɕ（章）	tɕh（昌）	ʥ（船）				ɕ（书）	ʑ（禅）

（二）韵母

阴声	入声	阳声
之部 ə	职部 ək	蒸部 əŋ
	德部 ɐk	登部 ɐŋ
支部 e	锡部 ek	耕部 eŋ
歌部 ɑ	铎部 ɑk	阳部 ɑŋ
鱼部 ɔ		

续表

阴声	入声	阳声
模部 o	屋部 ok	东部 oŋ
宵部 ou		
幽部 u	沃部 uk	冬部 uŋ
微部 əi	物部 ət	文部 ən
脂部 ei	质部 et	真部 en
灰部 ɐi	没部 ɐt	魂部 ɐn
泰部 ɑi	曷部 ɑt	寒部 ɑn
祭部 æi	薛部 æt	仙部 æn
	缉部 əp	侵部 əm
	业部 ɐp	严部 ɐm
	合部 ɑp	覃部 ɑm
	页部 æp	盐部 æm

（三）声调

平

上

去（此调类的阴声韵字多数为古长入字，少数为古平、古上字）

入

第五章　桂南平话的扩展期

自汉初元封五年（前 106 年）至三国景帝孙休七年（264年），广西的桂江、贺江、西江三江流域处于交趾刺史部（为西汉十三刺史部之一，东汉改为交州）的管辖之下，时间将近 400年。唐代李贤等注《后汉书·郡国志》载："王范《交广春秋》曰：'交州治羸楼县，元封五年（前 106 年）移治广信县（今广西梧州及与其相连的广东原封川县地），建安十五年（210 年）治番禺县，诏书以州边远，使持节并七郡皆授鼓吹，以重威镇'。"七郡即苍梧、南海、郁林、合浦、交趾、九真、日南，所辖范围包括今广东、广西及越南中部以北等岭南广大地域，广信不仅为当时岭南重镇苍梧郡治所在地，也为当时交趾刺史部治所在地，当然也是当时交趾刺史部所辖岭南的政治、文化中心。如清代谢启昆修《广西通志》载："汉时陈君父子崛起苍梧，传左氏经学。南方州郡经学之盛，唯有先于粤西者。"再如，据《前汉书·地理志》记载，当时苍梧郡人口为 14.6 万多，郁林郡7.1 万，南海郡 9.42 万。而郁林、南海两郡均比苍梧郡的面积大一倍以上，至《后汉书·郡国志》所载，苍梧郡人口已激增到46.69 万，比南海郡（今均为广东地）仍多出 21 万余。这与苍梧郡作为岭南重镇、交趾刺史部治即岭南首府设于苍梧郡广信不无关系。再从交通讲，唐代以前交通主要依靠水路，陆路交通不便，两广的官员、军民等进入两广往往循水路进行。广信地处桂江、贺江与西江三江汇合处，扼西江要冲，沿西江东下可抵番禺，溯西江向西可达南宁，溯西江转北流江、南流江向南可达越南，向北可经桂江或贺江接湘水、潇水进入中原。因此，广信确是当时设治岭南的战略要地。这样，在当时的时间、空间和政治、文化诸社会因素等条件下，广信话由作为当时岭南首府的语言发展为一种源头性的权威代表汉语方言，凭借其政治、文化、经济、交通诸优势，以当时南方最为重要的几条交通路线为途径向今两广、湘南和越南等广大地域扩散、辐射，其中溯西江向西或溯西江转北流江、南流江向南扩散的就发展形成了第一阶段的桂南平话——勾漏片方言。

这一时期的桂南平话可以从今玉林市福绵镇的玉林话的语音系统和基本词汇（包括身体部位、亲属称谓、劳动生产工具、房屋建筑、生活用具等词）中得以窥见。

《资治通鉴·唐纪十一》载："［贞观十三年（639 年）］六月，渝州人侯弘仁自牂柯（今贵州境内）开道，经西赵出邕州，以通交（趾）桂（州）两州道，蛮俚降者二万八千余户。"由于侯弘仁的开拓，唐代中国内地连通交趾的交通路线增加了首个陆上干线。而此前，交趾基本上是由海路至合浦经南流江至玉林，再经北流江等水道到桂州（今桂林）。由"夫玉林由岭以南亦一都会"（见清康熙年间编撰的《玉林州志》）可知，玉林作为州治，是继广信之后，由三国至唐时期的对桂东南有着很大政治、经济、交通向心力的都市，且这种向心力一直保持到明清。因此，玉林话作为发展时期的桂南平话——勾漏片方言的代表方言，具有很强的保守性，并在长达数百年的时间进程中，与其他勾漏片方言一道发生了与周边少数民族语言（主要为壮侗语族语言）的相互接触、影响，从而具有自己鲜明的语言特色。如其古帮、端、精声母随着与壮侗语族语言的接触而经历了链移式音变（如 p＞ɓ、t＞ɗ、ts＞t、tsh＞th），随后其并、定、群、从、澄、崇变为清化的不送气塞音、塞擦音。总的演变主流是全浊声母和不送气的全清声母归为一类。而这一点是与汉越语相同的。以下为我们构拟的当时桂南平话扩展期的音系（今玉林话代表点福绵话的音系见后文的“桂南平话各时期共时代表点音系简介”）。

⁎ 桂南平话扩展期的音系

（一）声母

p（并）	ph（滂）	ɓ（帮）	m（明微）	f（非敷奉）	
t（定精）	th（透清）	ɗ（端）	n（泥娘）		l（来）
ts（知澄庄崇章船）	tsh（彻初昌）		ȵ（日）	s（心）	
k（见群）	kh（溪）		ŋ（疑）	h（晓部分）	
ø（影匣晓部分）					

（二）韵母

阴声	入声	阳声
u 鱼模	uk 屋烛	uŋ 东锺
ɑ 歌戈		
a 麻蛇 au 豪包 ai 皆来	ak 觉药 at 曷黠 ap 合洽	aŋ 江阳 an 寒山 am 覃咸
ɐi 灰堆	ɐt 物没	ɐŋ 庚生 ɐn 闻魂
æu 萧肴	æt 月薛 æp 业页	æn 扁 æm 严盐
əu 尤侯	ək 麦德	əŋ 蒸登 ən 真群
i 支齐	it 质职 ip 缉习	iŋ 京青 im 侵寻
ɿ 资思		

（三）声调

平

上

去

入

今分布于广西钦州市、北海市、防城港市一带（这一带在宋代前属广西，明代后属广东，1951 年划归广西，1955 年划归广东，1965 年后重新划归广西）的一种汉语方言，当地多俗称其为“廉州（廉州即今广西北海市合浦县治廉州镇，为古代合浦郡郡治所在地）话”，另有“新立话（以当地地名称之）”“山佬话”“麻佬话”等异称，但是，当地群众从不将之称为“白话（广府片粤语）”。它的古全浊塞音、塞擦音声母今多读为送气清塞音、塞擦音。这一重要语音特点与平话一般存在的古全浊塞音、塞擦音今读不送气清塞音、塞擦音恰好相反，但仍应属于平话而不属于粤语。这是因为：（1）它与平话一样在宋代之前都存在于广西的行政区划内，都是广西宋代之前就已存在的本土汉语方言。（2）它既然属于广西古老的本土方言，就不可能属于明清之后才进入广西的官话、粤语、客家方言、湘语、闽语，而只应属于在宋代之前存在于广西及其周边的权威方言——古平话，与今平话同为一种方言。否则，只能以在宋代之前广西境内还同时存在另一种权威方言来解释，但至今，这样的解释找不到社会、历史、语言等方面的根据。（3）从区域语音特征看，它与毗邻的属于平话的勾漏片方言更相近，如广西浦北县安石镇麻佬话有与勾漏片方言相同的古帮、端母读内爆音［ɓ ɗ］的现象。从一些基本特征词看，它具有与平话各方言点的具内部一致性、对外排他性的共同说法，如“去归回家”“灶门｜火炉厨房”“铛炒菜锅”“索绳子”等。（4）它的古全浊音今读为送气清音是因受到周边的具有这一普遍语音特点的客家方言影响（据袁家骅等著，文字改革出版社 1989 年 6 月第 2 版的《汉语方言概要》所载，客家先民于乾隆、嘉庆以后的第五次较大迁徙的近者主要是到了广西的钦、廉及粤西的高、雷诸州）。这一种因方言间接触而引发的音变不应影响它属平话的性质。（5）从与它毗邻的广西玉林市博白县的地佬话（属勾漏片方言）看，地佬话也因受周边强势客家方言影响而出现了大部分古全浊音今仍读为不送气清音，少部分已读送气清音或两读皆可的现象。这可作为钦廉片方言古全浊音原来应为不送气清音的旁证。（宋时属广南西路高州，今属广东省湛江市的县级市吴川市，市政府驻地梅菉街道通行广府片粤语，古县治所在地吴阳镇通行吴阳话。吴阳话乃当地最古老的汉语方言，它的古精母、清母字今读［t th］，古帮母、端母字分别读内爆音［ɓ ɗ］，古全浊塞音、塞擦音声母多读为送气清音，基本特征词有“去归［hui^{33}kuɐi^{55}］回家”“火炉［fo^{13}lou^{33}］厨房”“铛［tshaŋ^{55}］炒菜锅”，与广西合浦县廉州话可基本相通等。这说明它处于自勾漏片方言向钦廉片方言的过渡阶段，是现今更接近于钦廉片的一种平话方言。它的这些语言特点正好说明了钦廉片方言原应与勾漏片方言一样在古全浊塞音、塞擦音上读不送气清音，后来在周边客家话接触影响下变为了送气清音）

《方言志》第 255 页指出：“广西的白话主要是明清之际大批广东人入桂经商、从政逐渐形成的。”而勾漏片、钦廉片这两片方言早于明清前就已在广西存在。这样，从时间上或推理上，钦廉片方言与今勾漏片方言应均属于桂南平话发展期的方言。它们的语言面貌可从今钦州市钦南区犀牛脚镇的海獭话的音系及其基本词汇（海獭话的音系见后文的“桂南平话各时期共时代表点音系简介”）中窥见。

第六章　桂南平话的形成期

广西因历史、地理关系，开发较迟，总的来看，开发多为由东而西、由北而南。如《大明一统志·方舆纪要》载："左右江自晋至隋，都无郡县设立。""咸通三年（862年）南诏蛮攻安南府，（唐政权）大征兵赴援，天下骚动。其年冬，蛮竟陷交州。赴安南诸军，并令抽退分保岭南东西道"（《旧唐书·懿宗纪》），加之，至唐贞观年间，渝州人侯弘仁自牂柯开道，由此增加了由桂州以及由桂州以北的湖南经邕州到交趾，或者由牂柯以北的四川入广西经邕州到交趾的路线。因而这时邕州一带的战略重要性引起了唐朝廷的重视，于"（唐懿宗咸通）三年（862年）分岭南为两道节度，以广州为东道，邕州为西道"［乾隆七年（1742年）《南宁府志·武备志·兵志》］。这样，岭南西道的设立，使邕州（今南宁）成了岭南的又一个政治、军事、交通等中心。随之而来的是，使以南宁为中心的桂中、桂南在唐宋期间经与周边少数民族语言的相互影响、融合的进程中，进入了向西发展的桂南平话的第二阶段，并正式形成了今日桂南平话的基本格局。它可以以今桂南的横塘话或称蔗园话的平话方言为代表，窥见这一时期的桂南平话基本面貌。

横塘话是今南宁市心圩、万秀、秀厢、友爱一带的汉族居民称其所操的平话。"横塘"是古地名，今南宁市部分汉族居民还把今心圩、万秀、秀厢、友爱一带称为"横塘"。另外，明代嘉靖《南宁府志·图考》载有当时南宁府城图，此图上载明于南宁府城北和东北有称为“横塘”的村屯，可见“横塘”这一地名早在明代前就已存在，所指方位恰好正是今心圩、万秀、秀厢、友爱一带，而这一片汉族平话人也称其所操语言为“横塘话”。这种方言的古果摄歌韵开口字中仍有不少字念［-a］而不念［-ɔ］。如“歌山～、我、鹅、饿、舵、锣、左”均念[-a]。歌韵在汉至晚唐的中原汉族中一直念为［-a］；在今越南顺化寺诵经的汉越音中，歌韵开口字一律念作［-a］；至宋代，歌韵始变为［-ɔ］。王力《汉语语音史·宋代音系》（《王力文集·第十卷》，山东教育出版社，1987年12月第1版）载：“歌戈部到了宋代，大约已由［ɑ］（从音位观点看，［ɑ］和［a］是一样的。——编者注）转变为［ɔ］。”以上心圩、万秀一带平话歌韵字的读音，可证明横塘话应属第二阶段即唐宋间形成的桂南平话。今南宁市城区周围的西、南、北三面生活在农村的汉族所操方言都属于这一方言系统。至清中叶，由于人口的不断发展，以及原住地垦殖土地有限，加上明清时期已实行的改土归流政策，使一部分操横塘话的人从围绕南宁周边而居的平话社团中分出，向外扩展。他们主要以南宁为起点向左右江迁移，且蛙跳式移民，溯江而上。他们仍像祖先苍梧部族那样沿岸居住，勤劳创业，给原为壮族居住的左右江地区带去了植蔗、制作蔗糖、酿酒等方面的先进农业生产、生活技术。他们以从事甘蔗种植业为特色，故所操的横塘平话在当地被称为“讲蔗园”，即“蔗园话”。如民国二十二年（1933年）铅印，杨北岑等纂修的《同正县志·卷七》（同正县今属扶绥县）载：“另有一种人（俗谓蔗园人）多系宣化县属之桥板村（今属南宁市西乡塘区）来徭耕者，散居各处，自成村落，其男女面貌服装则均与汉人无异，惟妇女好束腰带穗垂于前。此种人勤于农功，凡所住地以糖蔗为出产大宗，花生、豆、苎麻次之。病患则最尚医药及巫道之属，婚嫁亦颇不同，当新郎亲迎时，其新人之十姐妹则在房中唱歌以詈之。至新人过门拜堂之后，是夜仍回外家，此后二三年中非逢大年节不回男家也。但属其同种则然，若与汉人，嫁娶则不如此。其所言语谓之客话，与南宁之平话相仿佛，而与属内之土话迥异。惟多聚族而居。”“蔗园人喷水于经绞之蔗渣，再绞取淡汁入酒饼和米酒糟酿之成酒，名曰糖酒。色黄味甜，然必藏之经年乃可饮，否则眩闷。”又如田东县林逢镇和同村黄姓讲平话的人迁移至该村的第二代祖先黄家君的墓碑碑文载：“忆考生平，自幼产生宣邑（该邑治设于今南宁城区），随祖居右江恩隆县林凤怀拢村，其时家事微寒，夫倡妇随，经营创业，勤俭持家，生下三男一女，教诲有方，鞠育成人，虽无德业垂留，亦可生顺死安矣。”

在民系认同感上，操横塘话的人与操蔗园话的人是非常一致和强烈的，而操蔗园话的人的家谱、族谱、墓碑碑文及口传中也均记载他们是于清朝期间从南宁市远郊一带迁过去的。

总之，蔗园话与横塘话均为同一种桂南平话形成期的方言。它们的语言面貌可以从今广西左江流域的宁明县海渊镇蔗园村的蔗园话（蔗园话的音系见后文的“桂南平话各时期共时代表点音系简介”）中窥见。以下为我们构拟的当时的桂南平话形成期的音系。

＊桂南平话形成期的音系

（一）声母

p（帮并）	ph（滂）	m（明微）	f（非敷奉）	
t（端定）	th（透）	n（泥娘）	ȵ（日）	l（来）
ts（精从知澄庄崇章邪部分）	tsh（清彻初昌）	s（生书邪部分船部分）	ɬ（心船部分）	
k（见群）	kh（溪）	ŋ（疑）	h（晓匣）	
ø（影喻）				

（二）韵母

阴声	入声	阳声
u 鱼模	uk 屋烛	uŋ 东锺
ɑ 歌戈		
a 麻蛇 au 豪包 ai 皆来	ak 觉药 at 曷黠 ap 合洽	aŋ 江阳 an 寒山 am 覃咸
ɐi 灰堆	ɐt 物没	ɐŋ 庚生 ɐn 闻魂真群
æu 萧肴	æt 月薛 æp 业页	æn 扁 æm 严盐
əu 尤侯	ək 麦德 ət 职昔锡	əŋ 登 ən 蒸京青
i 支齐	it 质 ip 缉习	im 侵寻
ɿ 资思		

（三）声调

平→阴平
平→阳平

上→阴上
上→阳上

去→阴去（有送气分调现象）
去→阳去

入→上阴入
入→下阴入
入→上阳入
入→下阳入

从以上宁明县蔗园话的平话材料看，可知道形成期的桂南平话发生了如下变化：

一是属自身演变的变化。如：梗开三等、四等字的阳声韵的[-ŋ]尾一般前化为[-n]尾，其相应的入声韵字的[-k]尾也一般前化为[-t]塞音尾。又如其果、蟹、效、宕摄开口一等、二等字主要元音相同，均读为[a]。再如：声调平、上、去、入按照声母清浊各分为阴平、阳平，阴上、阳上，阴去、阳去，阴入、阳入。

二是与壮语接触而引发的属接触性演变的变化。如：产生了边擦音声母［ɬ-］，这读［ɬ-］的一般表现在古为心母字的今读音上。但在桂南平话与壮语发生密切而深入接触的地区，古为邪、生、禅、书母擦音字以至精母的塞擦音字的今读也为［ɬ-］。又如：桂南平话受到壮语具有长短元音区分的影响，其主要元音读为［ɐ］韵母的，一般为短元音，且其入声韵母［ɐp ɐt ɐk ip it ek up ut uk］中的主元音也多为短元音，在这种短元音的影响下，其入声在依古声母清浊分出阴入、阳入后，有再各分出长、短两个调的现象。

从地域分布、人口分布等情况来看，这一阶段的桂南平话是今日整个桂南平话的主要代表，它的存在标志着桂南平话的正式形成。此外，它的地域分布与其原属广西唐宋期间州县行政分布具有较强的一致性。如宋代广西的邕州、横州、宾州、融州、钦州、廉州、郁林州、梧州、贺州的行政区划与今桂南平话各次方言小片的分布区域和区域特征有较大的一致性。以上均说明，这一阶段的桂南平话的存在与分布在其形成历史进程中，标志了桂南平话进入了相对的稳定与形成时期，形成了今桂南平话的基本格局。

此外，从这一阶段的桂南平话语音体系及语言面貌可以看出，桂南平话在自身演变和与白话（粤语）、客家话、壮语密切接触引发的接触性演变的双重作用下，成了一种具有典型意义的广西汉语变异方言。

第七章　桂南平话的现在进行期

以上所述均为桂南平话已成的变化，我们对这些已成变化且叠压的历史层次进行拉开与梳理，结合历史、文化、民族、社会等因素而做出桂南平话的诸个分期：孕育期、扩展期、形成期。此外，在近几十年来，桂南平话在继续与白话（粤语）、客家话、壮语等语（方）言接触的共时状态下，还增加了与普通话这一国家通用语的更大强度的接触。在这一嬗变背景下，桂南平话正在发生着处于发展进程中的诸多变化。我们将这种变化称为桂南平话的现在进行期。这一时期的特点是其动态性。我们可从葛家园（南宁市的一个城中村）平话的音系中了解到这一最近时期桂南平话的基本面貌与特点。以下我们着重对葛家园平话进行考察，以便揭示桂南平话现在进行期的基本面貌与变异特征。

一　葛家园平话音系

（一）声母（19个）

p 布步别盘	ph 怕	m 门闻微武	f 飞冯符费	v 胡化话围运
t 到道夺同	th 太	n 难怒女年脑	ɬ 修散线苏	l 兰路吕连

续表

ts 精节齐全	tsh 秋趣仓昌		s 税旋扇丝	
k 贵跪杰葵	kh 颗跨枯慨	ŋ 岸危硬		
ʔ 黄王			h 灰红开去虚	
ø 丘认绕袄日延				

声母说明：

(1) 声母 [ts tsh s] 与齐齿呼、撮口呼相拼时，音色接近 [tɕ tɕh ɕ]。

(2) [u] 做韵或单独做韵母时，在实际的发音过程中摩擦成分较重，因此本文将 [v] 处理为声母，单韵母音节 [u] 统一记为 [vu]。

(二) 韵母 (74 个)

	i 资支知耳以	u 故过赌母	y 雨虚
a 爬	ia 鸦也	ua 瓜	
ɛ 蛇姐	iɛ 野	uɛ 瘸	
ɔ 河			
œ 靴			
ai 盖介		uai 怪	
ɐi 第		uɐi 桂贵	
ui 倍妹	iui 锐蕊		
au 饱保桃			
ɐu 斗丑流收	iɐu 丘友		
ɛu 猫			
iu 条烧			

续表

	im 检		
am 胆三含衔			
ɐm 林心	iɐm 音饮		
ɛm 减			
	in 廉连	un 官短酸	yn 权船圆
an 竿间		uan 关	
ɐn 根紧邻新魂温	iɐn 人因引	uɐn 昆坤滚	
ɛn 扁揑			
ɔn 钻			
aŋ 党桑讲床		uaŋ 旷晃	
ɐŋ 崩登曾			
ɛŋ 良庚横	iɛŋ 央养		
œŋ 红翁东穷胸	iœŋ 荣		
eŋ 灵星琼	ieŋ 应颖		
		uŋ 光	
ŋ̍ 午			
	ip 接		
ap 合			
ɐp 急	iɐp 入		
ɛp 夹			
	it 铁	ut 活	yt 舌缺月
at 辣		uat 刮	
ɐt 出	iɐt 日	uɐt 掘	
ɛt 割		uɛt 刮	

续表

ɔt 没沉~			
	iuk□动	uk 国	
ak 落各郭确			
ɐk 北			
ɛk 百客	iɛk 约若		
œk 鹿绿录	iœk 欲		
ek 踢力	iek 翼		

韵母说明：[uɛt ɔt iuk] 辖字极少，甚至是有音而无字的词。

（三）声调（10 个）

调类	调值	例字
阴平	41	高猪专尊低边安开抽初粗天偏婚伤三飞
阳平	21	穷陈床才唐平寒神徐扶鹅娘人龙难麻文云
阴上	33	古展纸走短比碗口丑楚草体普好手死粉
阳上	24	五女染老暖买网有近柱坐淡抱厚社似
阴去	55	盖帐正醉对变爱抗唱菜怕汉世送放
阳去	22	共阵助贱大病害树谢饭岸让漏怒帽望用是父
上阴入	33	竹织积得笔一曲出七秃匹黑湿锡福割窄接搭百约缺尺切铁拍歇说削发
下阴入	55	粒雀
上阳入	24	月入六纳麦袜药
下阳入	22	局宅食杂读白合舌俗服

声调说明：

（1）入声调短促，为行文方便，不另加符号表示。

（2）下阴入除“粒、雀”外，多数为有音无字的口语词。

二 葛家园的历史与现状

处于南宁原古城口的葛家园，是葛姓玉尊公这一宗族的起源地，有900多年的历史，今位于七星路一巷（也称“葛家园巷”）内。古代时，它与邕州古城通道口正面相对，遥遥相望。到了明末清朝时期，葛姓分布于邕州周边近远郊地区，成为桂南地区独特的一大姓氏。所以为了辨清不同地区的葛姓，人们把古城通道口对面的葛姓村称为古城口葛屋。后来，随着经济和人口的发展，古城口葛屋的面积也逐渐扩大，成为四面园田、鱼塘环绕的大村园。为此，人们将古城口葛屋改称为古城口葛屋园，后称古城口葛家园至今。

南宁古城口葛家园的葛姓，从始祖玉尊公至今估算22代（实际应为30代左右），现有葛家园、葛屋祠堂、五塘、段敖、罗伞坡、罗伞细村坡、六塘、罗富村、罗富村二房、温屋村、田阳治例村、田阳那满镇治塘村等12个分支，称得上是与其他分支葛姓紧密相连、血脉相通的一个大家族群体。

1950年前，古城口葛家园葛姓的祖业是以蔬菜果树种植、鱼塘养殖等农业为主。随着城市的发展和国家建设的需要，葛家园周边的园田、鱼塘也纳入了征用范围，改为广西区直机关单位用地，剩下的保留葛家园老村旧貌。以后由于人口不断增长等原因，大多数旧房老屋改建成新楼房，唯有老祖辈世鹏公家族神厅大屋还保留原貌。只是由于年久失修，世鹏公家族神厅大屋变得残旧失色，同时原挂在大厅两旁墙上的班辈人名匾牌、祖宗神位牌和祖辈人员传记牌也没有了。为了思忆祖辈，使后人不忘祖不忘根，2008年春，世鹏公第五代后裔决定着手搞好玉尊公脉系葛姓族谱，并把世鹏公家族神厅大屋维修翻新，于2009年8月17日改为葛氏宗祠。这也是今天葛氏宗祠的来由。

今葛家园巷共六七十户人家，主要讲平话，按诗“友天文任南芳盛，南子承宗定发元；万国来朝广胜利，福如东海振中华”中的汉字排字辈。他们中的中老年一辈与本族人讲平话，与外界交流主要使用南宁白话和普通话。

三　语言接触对葛家园平话产生的影响

语言接触的复杂多样，不仅带来语言上的变异，还可能会对接触双方或多方的政治、经济、文化等社会因素造成影响。在这里，我们关注的重点是因接触所产生的语言方面的影响。多种接触引起的方言变异必定更加复杂。

粤方言大概在明清时期进入广西。说粤方言的广东移民凭借他们在商业、文化、生产技术等方面所拥有的优势，在广西的东南部扎下了根，粤方言也就逐渐成为广西东南部的主要汉语方言。据考察，20 世纪 30 年代以前，原南宁府治和宣化县治所在地——南宁市城区主要以平话为交际用语；30 年代以后，南宁市城区平话作为权威方言的地位逐渐被南宁白话（属粤语广府片）所代替。由此可知，白话与平话的接触并不是短暂的，而是随着时间的推移更加密切，经济或政治等社会因素占优势的方言势必会逐渐取代相对弱势的方言。因此，南宁权威方言——平话的地位也逐渐被白话取代。

1956 年，国务院发布《关于推广普通话的指示》。20 世纪 80 年代以来，广西加快普通话普及的速度，确立了分阶段、分区域、分层次的推普工作思路，采取先中心城市后向县城及偏远地区铺开等措施，普通话日益成为学校、政府、事业单位的官方语言，对近几代人的语言使用产生更多影响。

葛家园平话正是在这种与白话、普通话密切接触的情况下发生了一定的演变。下面我们主要从语音、词汇、语法这三个方面去考察葛家园平话因接触而发生的演变。

(一)语音层面的影响

1. 声母

(1)部分古溪母、古晓母合口字今读[f]。

在葛家园平话中，古溪母合口字大多读为[kh]和[h]，古晓母合口字大部分读为[h]，但与主流读音不相同的是部分古溪母、古晓母合口字读作[f]。我们选取了几个读[f]的例字，对比其他平话方言点和白话、普通话来看其演变。①

方言点	例字					
	科	恢	款	忽	训	慌
北京话	khɤ⁵⁵	xuei⁵⁵	khuan²¹⁴	xu⁵⁵	ɕyn⁵¹	xuaŋ⁵⁵
广州话	fɔ⁵⁵	fui⁵⁵	fun³⁵	fɐt⁵⁵	fɐn³³	fɔŋ⁵⁵
南宁白话	fɔ⁵⁵	fui⁵⁵	fun³⁵	fɐt⁵	fɐn³³ wɐn³³	fɔŋ⁵⁵
马山乔利	khɔ⁵⁵	uᴇi⁵⁵	khun³³	hu⁴¹	sɐn³⁵	hoŋ⁵⁵
田东林逢	hu⁵⁴	hœi⁵⁴	hun³³	vɐt³³	vɐn³⁵	hoŋ⁵⁴
百色那毕	hu⁵⁴	hɔi⁵⁴	hun³³	khwɐt³³	vən³⁵	hoŋ⁵⁴
南宁亭子	hu⁴¹	hui⁴¹	kuon³³	khwɐt³³	uɐn⁵⁵	hoŋ⁴¹
南宁葛家园	fɔ⁴¹	fui⁴¹	fun³³	fɐt³³	fɐn⁵⁵	fuŋ⁴¹
南宁平田	hu⁵³	hui⁵³	fun³³		fɐn⁵⁵	hoŋ⁵³
南宁陈东	hu⁵³	hɔi⁵³	khɔn³³	vət³³	vɐn⁵⁵	huŋ⁵³
临桂两江	khɔ³³	fu³⁵	khwā³³	hu³³	hin³⁵	foŋ³⁵
灵川三街	kho¹³	fei¹³	khwaŋ³³	fu⁵⁴	ɕyn²¹	huaŋ¹³

①北京话、广州话例字来源于詹伯慧、张日昇主编《珠江三角洲方言字音对照》，广东人民出版社，1987。南宁白话例字来源于陈海伦、林亦主编《粤语平话土话方音字汇》(第一编)，上海教育出版社，2009。

从不同方言点的对比来看，部分古溪母、古晓母合口字桂南平话多读［h］、［kh］或［v］，桂北平话多读［kh］或［ɕ］，粤语大部分地区读［f］。根据不同方言点的共时比较，我们认为葛家园平话的部分溪母、晓母合口字已受南宁白话的影响，声母今读与南宁白话保持了一致。这种演变为受到了异方言的感染所致。

（2）少数古全浊声母字今读送气清塞音、塞擦音。

梁敏、李连进等学者一致认为平话古全浊声母读塞音、塞擦音时，绝大部分读不送气清音，而粤语多读送气清音。

我们在调查葛家园平话时，少数古全浊声母字今读送气清塞音、塞擦音，共有 17 个。我们同样也选择不同方言点来进行比较，参见下表：

方言点	例字			
	倍	涛	苎	泊～船
北京话	pei51	thau55	tʂu51	po35
广州话	phui13	thou21	tʃy13	pɔk22
南宁白话	phui24	thou21	tʃy24	phak33
马山乔利	pɔi13	tau41		pᴇk33
田东林逢	pœi13	thau54	tsøi13	phᴇk33
百色那毕	pɔi13	tᴀu42	tsɔi13	puk22
南宁亭子	pui13	tau21	tɕy33	phɐt33
南宁葛家园	phui24	thau41	tshy24	phɛk33
南宁平田	pɔi13	thau53		phɛk33
南宁陈东	pɔi24	thau53	tsəi24	phɛk33
临桂两江	pu51	thau33	tou33	
灵川三街	pɯ21	tao533		pha54

我们从比较中发现，“倍、苎”在大多数平话点里读不送气塞音；“涛、泊～船”在部分平话点里也读为送气音，但部分平话点还保留不送气的读法。

赵祎缺在其论文《桂南平话语音历史层次研究》中考察了桂南平话古全浊声母的历史层次，认为桂南平话古全浊声母今读不送气清音，从壮语早期的借词和汉越语来看，至少在唐末已形成，应为早期的语音特征。而粤语“今读平声送气，仄声一部分送气，一部分不送气”的特点可能是另一种汉语方言古全浊声母今读语音分化类型的现象。我们查阅了这几个例字在汉越语里的读音，“倍［bɔi^{22}］、涛［dau^{21}］、苎［tʂɯ^{44}］、泊~船［pak^{22}］”，都读为不送气塞音。按演变规律，这些字在平话里应该也是读为不送气音，但由于语言接触的影响，而读为了送气音。由此我们推断葛家园平话中读为送气的古全浊声母字，可能是受南宁白话的影响所致。

（3）古日母字今绝大多数读零声母［Ø］。

参照唐作藩的拟测，古日母字的中古音值为[* nʑ]，葛家园平话的古日母字今绝大多数都读为了零声母［Ø］。我们从 102 个平话方言点中提取了部分方言点，以“热、软、闰”这三个古日母字为例，来看平话中古日母今读的情况。

地级市	县级市、市辖区、县、自治县	乡镇、村	例字	声母	例字	声母	例字	声母
钦州市	钦南区	犀牛脚镇	热	ȵ	软	ȵ	闰	ȵ
南宁市	宾阳县	新桥镇	热	ȵ	软	ȵ	闰	ȵ
南宁市	良庆区	南晓镇	热	ȵ	软	ȵ	闰	ȵ
南宁市	西乡塘区	北湖村	热	ȵ	软	ŋ	闰	ȵ
南宁市	青秀区	莫村	热	ȵ	软	ȵ	闰	ȵ
南宁市	宾阳县	黎塘镇	热	ȵ	软	ȵ	闰	ȵ
南宁市	江南区	吴圩镇	热	ȵ	软	ȵ	闰	ȵ
南宁市	隆安县	城厢镇	热	ȵ	软	v	闰	ȵ
南宁市	武鸣区	府城镇	热	ȵ	软	v	闰	ȵ

续表

地级市	县级市、市辖区、县、自治县	乡镇、村	例字	声母	例字	声母	例字	声母
南宁市	兴宁区	五塘镇	热	ȵ	软	v	闰	ȵ
南宁市	邕宁区	四塘镇	热	ȵ	软	ȵ	闰	ȵ
崇左市	宁明县	海渊镇那禄村	热	ȵ	软	v	闰	ȵ
桂林市	灵川县	灵川镇	热	n	软	ŋ	闰	
桂林市	龙胜各族自治县	泗水乡	热	ȵ	软	ŋ	闰	v
桂林市	灌阳县	观音阁乡	热	l	软	l	闰	v
柳州市	柳北区	沙塘镇	热	ȵ	软	ȵ	闰	ȵ
贺州市	富川瑶族自治县	朝东镇	热	n	软	h	闰	
来宾市	武宣县	金鸡乡	热	ȵ	软	ŋ	闰	v
河池市	宜州区	德胜镇	热	ȵ	软	ȵ	闰	
百色市	平果市	马头镇	热	ȵ	软	v	闰	ȵ
贵港市	港南区	桥圩镇	热	ȵ	软	ȵ	闰	ȵ
梧州市	岑溪市	南渡镇	热	ȵ	软	ȵ	闰	ȵ
桂林市	龙胜各族自治县	马堤乡	热	n	软	m	闰	
玉林市	福绵区	福绵镇	热	ȵ	软	ȵ	闰	ȵ

从对照表中我们可以看出，古日母字在平话的大多数方言点中今读主要为［ȵ］、［ŋ］和［n］，读为零声母的方言点甚少。再看汉越语的这三个字读音，“热［ȵet^{22}］、软［ȵyen^{215}］、闰［ȵuɐn^{22}］”。因此，平话中古日母字今读声母［ȵ］的应该是较古层次，而读［ŋ］和［n］的则是后起的音变。但葛家园平话古日母字今读与大部分平话点的古日母字今读却有较大差异，大部

分读为零声母［Ø］，只有极个别读为［n］。因此，我们推测葛家园平话古日母字读零声母的情况应该是来自异方言的层次，而这种异方言应是白话。我们选取了几个例字来和广州话、南宁白话进行对比，参见下表：

方言点	例字					
	如	儿	柔	人	入	让
广州话	jy²¹	jy²¹	iɐu²¹	iɐn²¹	iɐp²²	iœŋ²²
南宁白话	y²¹	y²¹	iɐu²¹	iɐn²¹	iɐp²²	iœŋ²²
葛家园平话	y²¹	i²¹	iɐu²¹	iɐn²¹	iɐp²⁴	iɛŋ²²

根据对比，粤方言的古日母字今读大多数为零声母［Ø］，葛家园平话古日母字应该是受到南宁白话的影响，由于密切接触，也被系统干扰而产生差异。

2. **韵母**

（1）果摄开口一等歌韵字大部分读［ɔ］。

郑作广、李连进对平话的语音特点进行描述时提出，古代果摄开口一等歌韵字在桂南平话中多读［a］。赵祎缺对果摄开口一等歌韵字的历史层次也进行了分析，亦提出，歌韵字的主元音为［a］，是古音的滞留。此外，李心释在其论文《平话的区域语言学特征、存古特征与变异特征》中指出，平话的歌戈韵一等字主元音大多是［a］。而反映东汉、南北朝音的汉越语歌韵字的主元音也是［a］，而非［o］或［u］。因此，参照上述学者的观点，我们可知果摄开口一等歌韵字的主元音为［a］是保留了较古时期的语音特征。我们选取了几个方言点来进行对比，参见下表：

方言点	例字			
	左	罗	鹅	我
北京话	tsuo²¹⁴	luo³⁵	ɤ³⁵	uo²¹⁴
广州话	tsɔ³⁵	lɔ²¹	ŋɔ²¹	ŋɔ¹³
南宁白话	tʃɔ³⁵	lɔ²¹	ŋɔ²¹	ŋɔ²⁴

续表

方言点	例字			
	左	罗	鹅	我
马山乔利	tsa^{33}	lɔ^{41}	ŋa^{41}	ŋa^{22}
田东林逢	tsa^{35} tsɔ^{33} 左～	lɔ^{41} la^{41}	ŋɔ^{41} ŋa^{41}（老派）	ŋa^{13}
百色那毕	tsɔ^{33}	lɔ^{42}	ŋA^{42}	ŋA^{13}
富宁剥隘	tsa^{13}	la^{31}	ŋɔ^{21}	ŋa^{21}
南宁葛家园	tsɔ^{33}	lɔ^{21}	ŋɔ^{21}	ŋɔ^{24}
南宁平田	tsɔ^{33}	lɔ^{21}	ŋɔ^{21}	ŋa^{35}
南宁陈东	tsa^{33}	la^{21}	ŋa^{21}	ŋa^{24}
扶绥龙头	tsa^{33}	la^{21}	ŋa^{21}	ŋa^{11}

葛家园平话果摄开口一等歌韵字的主元音大多数读［ɔ］，南宁白话和广州话的歌韵字主元音大多数是［ɔ］。因此，葛家园平话歌韵字主元音读［ɔ］应该是长期与白话密切接触而引起的元音高化现象。

（2）遇摄合口三等鱼韵、虞韵字主元音大多数读［y］。

古遇摄合口三等鱼韵、虞韵的拟测音值分别为［* io］和［* iu］。张菁雅在其论文《桂南平话语音比较研究》中提出，桂南平话的韵母一般没有撮口呼。我们选取了桂南平话的几个方言点来进行比较，看遇摄合口三等鱼韵、虞韵字的今读情况。

方言点	例字				
	女	序	除	主	区～域
北京话	ny^{214}	ɕy^{51}	tʂhu^{35}	tʂu^{55}	tɕhy^{51}
广州话	nœy^{13}	tsœy^{22}	tshœy^{21}	tsy^{55}	khœy^{33}
南宁白话	ny^{35}	tʃy^{22}	tʃhy^{21}	tʃy^{35}	khy^{55}
马山乔利	nei^{22}	tsi^{35}	tsei^{41}	tsi^{55}	kei^{35}
田东林逢	nøi^{13}	tsi^{22}	tsøi^{41}	tsøi^{33}	khøi^{54}

续表

方言点	例字				
	女	序	除	主	区～域
百色那毕	nui^{13}	$tsui^{22}$	$tsui^{42}$	$tsui^{33}$	$khui^{54}$
南宁亭子	ny^{33}	$tɕy^{13}$	$tɕy^{21}$	$tɕy^{33}$	khy^{41}
南宁葛家园	ny^{24}	sy^{55}	tsy^{21}	tsy^{33}	khy^{41}
南宁平田	$nəi^{13}$	sy^{55}	$tsəi^{21}$	$tsəi^{33}$	$khəi^{53}$
南宁陈东	$nəi^{24}$	tsi^{22}	$tsəi^{21}$	$tsəi^{33}$	$khəi^{53}$
扶绥龙头	$nɤ^{21}$	$tsɤ^{13}$	$tsɤ^{21}$	$tsɤ^{33}$	$khɤ^{53}$

遇摄合口三等鱼韵、虞韵在桂南平话大部分方言点中为复化韵母，葛家园平话鱼韵、虞韵字主元音大多数为撮口呼韵母[y]。在此之前，我们在讨论古遇摄合口三等的历史层次时谈到，王力先生认为[y]是自明清起的后起音变。而粤方言大概在清朝中叶海禁大开之后，随着粤籍商人、移民从广州一带溯西江、浔江、郁江、左江到达广西南部。随着移民迁入，粤语和平话也开始了接触。因此，我们认为葛家园平话鱼韵、虞韵读撮口呼韵母应该是受到白话的影响，来自异方言的层次。

（3）辅音[ŋ]可自成音节，作为声化韵。

葛家园平话中遇摄合口一等疑母字今一致读为[ŋ̍]，辅音[ŋ]自成音节，作为声化韵。

我们以“五”为例字，从 102 个平话方言点中提取了辅音[ŋ]可自成音节的部分平话方言点。

地级市	县级市、市辖区、县、自治县	乡镇、村	例字	韵腹
钦州市	钦南区	犀牛脚镇	五	ŋ̍
桂林市	灵川县	灵川镇	五	ŋ̍
贺州市	富川瑶族自治县	朝东镇	五	ŋ̍
南宁市	青秀区	莫村	五	ŋ̍

续表

地级市	县级市、市辖区、县、自治县	乡镇、村	例字	韵腹
柳州市	柳北区	沙塘镇	五	ŋ̍
桂林市	龙胜各族自治县	泗水乡	五	ŋ̍
桂林市	龙胜各族自治县	马堤乡	五	ŋ̍
河池市	宜州区	德胜镇	五	ŋ̍
崇左市	宁明县	板棍乡	五	ŋ̍
钦州市	浦北县	安石镇	五	ŋ̍
玉林市	博白县	那林镇	五	ŋ̍
北海市	合浦县	廉州镇	五	ŋ̍
柳州市	柳城县	古砦乡	五	ŋ̍
柳州市	融水苗族自治县	和睦镇	五	ŋ̍
清远市	连山壮族瑶族自治县	永和镇	五	ŋ̍
永州市	江华瑶族自治县	白芒营镇	五	ŋ̍
崇左市	宁明县	海渊镇友福村	五	ŋ̍
贵港市	港南区	桥圩镇	五	ŋ̍
贵港市	桂平市	江口镇	五	ŋ̍
贵港市	桂平市	麻垌镇	五	ŋ̍
贵港市	平南县	大安镇	五	ŋ̍
桂林市	灌阳县	文市镇	五	ŋ̍
桂林市	灵川县	三街镇	五	ŋ̍
桂林市	龙胜各族自治县	马堤乡芙蓉村	五	ŋ̍
桂林市	平乐县	青龙乡	五	ŋ̍
桂林市	阳朔县	白沙镇	五	ŋ̍
河池市	罗城仫佬族自治县	龙岸镇	五	ŋ̍
贺州市	八步区	贺街镇	五	ŋ̍
柳州市	融水苗族自治县	香粉乡	五	ŋ̍

续表

地级市	县级市、市辖区、县、自治县	乡镇、村	例字	韵腹
柳州市	三江侗族自治县	老堡乡	五	ŋ̍
钦州市	灵山县	旧州镇	五	ŋ̍
钦州市	灵山县	太平镇	五	ŋ̍
邵阳市	绥宁县	关峡苗族乡	五	ŋ̍
玉林市	福绵区	福绵镇	五	ŋ̍
肇庆市	封开县	南丰镇	五	ŋ̍
贵港市	平南县	丹竹镇	五	ŋ̍
桂林市	叠彩区	大河乡	五	ŋ̍
桂林市	临桂区	两江镇	五	ŋ̍
桂林市	灵川县	大圩镇	五	ŋ̍
桂林市	兴安县	高尚镇	五	ŋ̍
桂林市	永福县	罗锦镇	五	ŋ̍
河池市	罗城仫佬族自治县	小长安镇	五	ŋ̍
贺州市	八步区	桂岭镇	五	ŋ̍
贺州市	富川瑶族自治县	莲山镇	五	ŋ̍
贺州市	昭平县	木格乡	五	ŋ̍
贺州市	钟山县	回龙镇	五	ŋ̍
柳州市	融安县	长安镇	五	ŋ̍
柳州市	三江侗族自治县	程村乡	五	ŋ̍
南宁市	横州市	横州镇	五	ŋ̍
梧州市	苍梧县	龙圩镇	五	ŋ̍
梧州市	岑溪市	南渡镇	五	ŋ̍
梧州市	蒙山县	西河镇	五	ŋ̍
梧州市	藤县	塘步镇	五	ŋ̍
玉林市	北流市	民安镇	五	ŋ̍

续表

地级市	县级市、市辖区、县、自治县	乡镇、村	例字	韵腹
玉林市	博白县	水鸣镇	五	ŋ̍
玉林市	容县	自良镇	五	ŋ̍
玉林市	兴业县	石南镇	五	ŋ̍
肇庆市	封开县	莲都镇	五	ŋ̍

在 102 个平话方言点中，一共有 58 个方言点的“五”读成声化韵音节［ŋ̍］。

我们再来对照葛家园平话其他遇摄合口一等疑母字的今读和其他方言点的今读分布情况。

方言点	例字					
	吴	蜈	吾	午	误	悟
北京话	u^{35}	u^{35}	u^{35}	u^{214}	u^{51}	u^{51}
广州话	ŋ̍^{21}	ŋ̍^{21}	ŋ̍^{21}	ŋ̍^{13}	ŋ̍^{22}	ŋ̍^{22}
南宁白话	ŋ̍^{21}	ŋ̍^{21}	ŋ̍^{21}	ŋ̍^{24}	ŋ̍^{22}	ŋ̍^{22}
马山乔利	ŋu^{41}	ŋu^{41} （书面语） hɔŋ^{41}～蚣	ŋu^{41}	ŋɔ^{22}	ŋɔ^{13}	ŋɔ^{13}觉～ ŋu^{41}孙～空
田东林逢	ŋɔ^{41}	ŋɔ^{41}	（w）u^{41}	ŋɔ^{13}	ŋɔ^{22}	ŋɔ^{22}
百色那毕	ŋɔ^{42}	ŋɔ^{42}	ŋɔ^{42}	ŋɔ^{13}	ŋɔ^{22}	ŋɔ^{22}
南宁亭子	ŋ̍^{21}	ŋ̍^{21}	ŋ̍^{21}	ŋu^{13}	ŋu^{223}	ŋu^{223}
南宁葛家园	ŋ̍^{21}	ŋ̍^{21}	ŋ̍^{21}	ŋ̍^{24}	ŋ̍^{22}	ŋ̍^{22}
南宁平田	ŋɔ^{21}	ŋɔ^{21}		ŋɔ^{13}	ŋɔ^{22}	ŋɔ^{22}
南宁陈东	ŋɔ^{21}	ŋɔ^{21}	ŋɔ^{21}	ŋɔ^{24}	ŋɔ^{22}	ŋɔ^{22}
临桂两江	ʋu^{12}	ʋu^{31}		ŋ̍^{13}	ʋu^{31}	ʋu^{31}
灵川三街	u^{533}	u^{533}	u^{533} ŋ̍^{33}	ŋ̍^{33}	u^{21}	u^{21}

由上表可知，遇摄合口一等疑母字在部分平话点中声母［ŋ］不能自成音节，但“五”的声母能自成音节的平话方言点超过了一半，不仅在桂南平话方言点中有这种现象，就连桂北平话方言点中也存在这种现象。另外，我们查阅了汉越语中遇摄合口一等疑母字的读音，发现辅音［ŋ］并不能单独做音节。

根据唐作藩在《音韵学教程》（第三版）（北京大学出版社2002年出版）的拟测，古疑母字的中古音值为［*ŋ］，平话中仍保留这一古层次，但葛家园平话遇摄合口一等疑母字的读音却与之不符。

根据历史和共时的比较，我们认为葛家园平话古遇摄合口一等疑母字今读自成音节的［ŋ̍］应该是受白话的影响而发生的变异。而“五”字在许多平话方言点里变异最明显，变异速度也较快。

3. 声调

葛家园平话因语言接触而引发的声调演变并不如声母、韵母那样明显。声调的平话特征还基本保留，如古全浊声母平声字今基本读阳平，古次浊声母入声字今基本读上阳入，古全浊声母入声字今基本读下阳入等。

在保留基本特征的同时，也受到南宁白话的影响。葛家园平话的阴入调分为上阴入和下阴入，上阴入的调值为［33］，下阴入的调值为［55］，而且都是短促的入声调。大部分清声母入声字都归入上阴入，而下阴入所辖字相对来说很少，而且没有规律可循，有“匣、蹑、镊、粒、雀、鹊、急、级、给~你、给~予”这些字。我们对比南宁白话的这部分入声字的调值，如下表所示：

方言点	例字		
	蹑	粒	雀
南宁白话	nip^{55}	$nɐp^{55}$	$tʃhœk^{55}$
葛家园平话	nip^{55}	$nɐp^{55}$	$tshɛk^{55}$

此外，我们进行词汇调查时，还发现了一些写不出本字的

音，如：□mœk⁵⁵，表“雾”义；□puk⁵⁵，表“泡沫”义；□tɐt⁵⁵，表“做凳子用的木墩、树墩”义；□kɛp⁵⁵，表“鸟枪发火用的火帽”义。

这些入声字脱离了原来的声调系统而读同南宁白话的调值，正是由于受到南宁白话的影响。

以上所讨论的因接触引发的声母、韵母、声调这三个方面的演变是比较成系统的，但除此之外还有个别字的读音也因语言接触而发生了演变，是不成系统的。例如“揖”读作[i^{41}]。我们以它为例字，对比汉越语、普通话、白话及其他平话方言点的读音来看其演变。

例字	方言点							
	汉越语 越南顺化	北京话	广州话	南宁 白话	百色 那毕	扶绥 龙头	横州 横州镇	宾阳 芦圩
揖	ap^{55}	i^{55}	$iɐp^{55}$	$jɐp^{55}$	$tshəp^{33}$	$tshɐp^{33}$	$iɐp^{55}$	$iəp^{55}$

不论是从汉越语，还是从白话、平话来看，“揖”都是一个收[-p]尾的入声字，但葛家园平话却读为阴声韵，入声韵尾[-p]消失，很显然是受到普通话的影响。“揖”是个书面用字，很容易受到异方言的干扰而产生变异，因此葛家园平话的“揖”字就从普通话里不完全借音，加以自己的声调系统改造后便读为了[i^{41}]。

（二）词汇层面的影响

词汇作为语言三要素之一，反映社会发展和语言发展的状况，因此词汇也是“更新换代”最快的，词汇层面的异质成分也更为丰富。

在实际调查的过程中，发音人告诉我们有一些词是由白话借来的，本身不属于平话。例如：

【牛滚塘（牛滚泥的水坑）】在葛家园平话里的说法是“牛涡氹［$ŋɐu^{21}$ $vɔ^{41}$ $tɐm^{24}$］”。南宁白话表示“牛滚泥的水坑”这一说法的词读作“牛氹［ŋɐu^{21} thɐm^{24}］”，表示“水坑”这一说法的词读作“水氹［ʃui^{35} thɐm^{24}］”。我们发现南宁白话里用“氹”这个词来表示“坑”这一意思。再看其他平话点里表示“坑”这一意思的词是如何表达的。我们以“水坑儿”这一词目为例，从102个平话方言点中选取了部分平话点来对比，参见下表：

地级市	县级市、市辖区、县、自治县	乡镇、街道、村	词目	例词	例词发音
钦州市	钦南区	犀牛脚镇	水坑儿	氹	thɐm^{35}
南宁市	宾阳县	新桥镇	水坑儿	□	ʔou^{213}
崇左市	宁明县	海渊镇那禄村	水坑儿	琴水	kɐm^{21} sui^{33}
桂林市	灵川县	灵川镇	水坑儿	水坑	sy^{33} khəŋ^{35}
贺州市	富川瑶族自治县	朝东镇	水坑儿	水洞鼓	suai^{35} tə^{33} kau^{35}
南宁市	青秀区	莫村	水坑儿	水坑	sui^{33} khɐŋ^{53}
来宾市	武宣县	金鸡乡	水坑儿	窝	vu^{51}
南宁市	西乡塘区	北湖村	水坑儿	擒	kɐm^{221}
桂林市	灌阳县	观音阁乡	水坑儿	水筒	suei^{44} thuŋ^{22}
桂林市	龙胜各族自治县	马堤乡	水坑儿	水□	suei^{33} tɔ^{31}
湛江市	吴川市	吴阳镇	水坑儿	水窝	sui^{13} vo^{55}
南宁市	良庆区	南晓镇	水坑儿	水槽	sui^{33} tsau^{21}
河池市	宜州区	德胜镇	水坑儿	水□	sui$^{52-33}$ muŋ^{21}
崇左市	宁明县	板棍乡	水坑儿	窝	vɔ^{55}
钦州市	浦北县	安石镇	水坑儿	水坑	ɕui^{35} hɛŋ^{455}
贺州市	富川瑶族自治县	麦岭镇	水坑儿	水坑	ɕua^{11} hi^{22}
玉林市	博白县	那林镇	水坑儿	窝	vu^{351}
北海市	合浦县	廉州镇	水坑儿	水坑	sui^{24} hɛŋ^{45}
百色市	田东县	林逢镇	水坑儿	□水	kɐm^{41} sui^{33}
百色市	右江区	那毕乡	水坑儿	□	kəm^{42}

续表

地级市	县级市、市辖区、县、自治县	乡镇、街道、村	词目	例词	例词发音
崇左市	江州区	江州镇	水坑儿	水窝	sui^{33} ʔu^{55}
崇左市	江州区	濑湍镇	水坑儿	水□	sui^{33} kɐm^{21}
崇左市	宁明县	海渊镇蔗园村	水坑儿	琴水	kɐm^{21} sui^{33}
河池市	巴马瑶族自治县	那桃乡	水坑儿	水污	sui^{33} ʔu^{55}
来宾市	兴宾区	小平阳镇	水坑儿	□	kɔm^{13}
柳州市	柳城县	古砦乡	水坑儿	□□	khɐm^{33} khɛŋ^{53}
柳州市	融水苗族自治县	和睦镇	水坑儿	水坑	sɐi$^{55-33}$ khiaŋ^{52}
南宁市	宾阳县	黎塘镇	水坑儿	水坑	sɔi^{33} khɐŋ^{355}
南宁市	江南区	吴圩镇	水坑儿	槽	tsau^{21}
南宁市	隆安县	城厢镇	水坑儿	窝水	ʔu^{55} sui^{33}
南宁市	青秀区	津头街道	水坑儿	□	tɐm^{24}
南宁市	武鸣区	府城镇	水坑儿	水窝	ʃoi^{33} u^{55}
南宁市	兴宁区	五塘镇	水坑儿	水窝	sui^{55} ʔu^{53}
贵港市	港南区	桥圩镇	水坑儿	凹□	mœp^{22} phuŋ^{45}
贵港市	桂平市	江口镇	水坑儿	水窝	sɔi^{33} vɔ^{55}
贵港市	桂平市	麻垌镇	水坑儿	水窝	sui^{533} vɔ^{45}
桂林市	龙胜各族自治县	马堤乡芙蓉村	水坑儿	□水	do^{42} ɬəi^{33}
桂林市	平乐县	青龙乡	水坑儿	水窝	ɕui^{533} ɔ^{55}
桂林市	阳朔县	白沙镇	水坑儿	水潭	sai$^{523-55}$ toŋ^{33}
河池市	罗城仫佬族自治县	龙岸镇	水坑儿	水坑	sɐi^{33} khɛŋ^{53}
柳州市	三江侗族自治县	老堡乡	水坑儿	水坑	ʃɔi^{33} khɛŋ^{54}
南宁市	良庆区	那陈镇	水坑儿	水槽	sui^{33} tsau^{21}
南宁市	青秀区	南阳镇	水坑儿	□	tɐm^{24}

续表

地级市	县级市、市辖区、县、自治县	乡镇、街道、村	词目	例词	例词发音
玉林市	福绵区	福绵镇	水坑儿	水窝	ɕui^{33} vɤ^{54}
百色市	田阳区	田州镇	水坑儿	水窝	sui^{33} ʔu^{55}
贵港市	平南县	丹竹镇	水坑儿	水窝	sui$^{44-33}$ vɔ^{53}
河池市	罗城仫佬族自治县	小长安镇	水坑儿	水坑	sɐi^{55} khɛŋ^{53}
贺州市	八步区	桂岭镇	水坑儿	水坑	sui^{33} haŋ^{53}
南宁市	横州市	横州镇	水坑儿	□□	hɛŋ^{22} kɔu^{55}
南宁市	江南区	延安镇	水坑儿	槽	tsau^{21}
南宁市	良庆区	大塘镇	水坑儿	水槽	sui^{33} tsau^{21}
南宁市	马山县	乔利乡	水坑儿	水窝	soi^{33} ʔu^{55}
南宁市	西乡塘区	金陵镇	水坑儿	乌	ʔu^{55}
南宁市	西乡塘区	四联村	水坑儿	窝水	vu^{55} ɬui^{33}
梧州市	岑溪市	南渡镇	水坑儿	水窝	sui^{55} vɔ^{54}
梧州市	蒙山县	西河镇	水坑儿	水乌	sui^{533} ʔu^{53}
梧州市	藤县	塘步镇	水坑儿	水氹	sui^{55} tɐm^{35}
玉林市	北流市	民安镇	水坑儿	水窝	sui^{33} uɔ^{54}

由表可知，大部分平话点里表示“水坑儿”这一意思的大都说成“水坑、水窝”，只有个别说成“水氹”，如梧州藤县。这说明“水氹”这一说法应该是白话特有的，并非平话词语。葛家园平话里“牛滚塘”的说法也是受了白话的影响而读成了“牛涡氹”。

【西红柿】在葛家园平话里有两种说法：一是“金钱桔［kɐm^{41} tsin^{21} kɐt^{33}］”，二是“番茄［fan^{41} kɛ^{21}］”。我们以“西红柿”这一词目为例，从 102 个平话方言点中选取了部分平话点来对照这一词的读法，参见下表：

地级市	县级市、市辖区、县、自治县	乡镇、街道、村	词目	例词	例词发音
钦州市	钦南区	犀牛脚镇	西红柿	番茄	fan^{45} khɛ^{33}
南宁市	宾阳县	新桥镇	西红柿	金桔子	tsəm^{34} kɐt^{33} tsei^{33}
崇左市	宁明县	海渊镇那禄村	西红柿	甘桔子	kam^{55} kɐt^{33} tsi^{33}
桂林市	灵川县	灵川镇	西红柿	毛秀才	məu^{533} siou^{55} tsɤ^{33}
贺州市	富川瑶族自治县	朝东镇	西红柿	洋茄	iaŋ^{21} cə^{21}
南宁市	青秀区	莫村	西红柿	金桔	kɐm^{53} kɐt^{33}
来宾市	武宣县	金鸡乡	西红柿	辣椒瓜	la^{22} tsiu^{31} kua$^{51-33}$
柳州市	柳北区	沙塘镇	西红柿	番茄	fan^{44} kɛ^{21}
桂林市	龙胜各族自治县	泗水乡	西红柿	洋姜椒	ioŋ^{13} kioŋ^{22} tiu^{33}
南宁市	西乡塘区	北湖村	西红柿	金钱桔	kɐm^{11} tsin^{221} kɐt^{33}
桂林市	灌阳县	观音阁乡	西红柿	□球子	pei^{44} tɕiau^{22} ti^{22}
桂林市	龙胜各族自治县	马堤乡	西红柿	洋秆椒	iaŋ^{13} kuaŋ^{33} tiu^{55}
南宁市	良庆区	南晓镇	西红柿	(大)金桔	(tai^{22}) kɐm^{53} kɐt^{33}
河池市	宜州区	德胜镇	西红柿	毛秀才	mau^{21} sɐu^{35} tshai^{21}
崇左市	宁明县	板棍乡	西红柿	金桔	kɐm^{55} kɐt^{55}
玉林市	博白县	那林镇	西红柿	番茄	fan$^{351-55}$ khɛ^{131}
北海市	合浦县	廉州镇	西红柿	番茄	fan^{45} khɛ^{33}
百色市	平果市	马头镇	西红柿	金桔	kɐm^{55} kɐt^{33}
百色市	田东县	林逢镇	西红柿	甘桔子	kam^{54} kɐt^{33} tsi^{33}
崇左市	扶绥县	龙头乡	西红柿	金桔	kɐm^{53} kɐt^{33}

续表

地级市	县级市、市辖区、县、自治县	乡镇、街道、村	词目	例词	例词发音
崇左市	江州区	濑湍镇	西红柿	甘桔果	kɐm55 kɐt33 ku33
崇左市	龙州县	上龙乡	西红柿	□□	mɐk55 tse35
河池市	巴马瑶族自治县	那桃乡	西红柿	毛秀才	mɔ31 sɐu335 tsai31
柳州市	柳城县	古砦乡	西红柿	毛秀才	mo22 sɐu33 tsəi21
柳州市	融水苗族自治县	和睦镇	西红柿	毛秀才	mɔ31 sɐu335 tsai31
南宁市	宾阳县	黎塘镇	西红柿	锦桔	tsəm33 kət55
南宁市	江南区	吴圩镇	西红柿	金钱桔	kɐm53 tɕin21 kɐt33
南宁市	隆安县	城厢镇	西红柿	金桔	kɐm55 kɐt33
南宁市	青秀区	津头街道	西红柿	番茄	fan41 kɛ21
南宁市	武鸣区	府城镇	西红柿	金桔果	kɐm55 kɐt33 ku33
南宁市	兴宁区	五塘镇	西红柿	金桔	kɐm53 kɐt33
南宁市	邕宁区	四塘镇	西红柿	金桔	kɐm53 kɐt55
崇左市	宁明县	海渊镇友福村	西红柿	金桔子	kɐm355 kɐt55 tɐi33
崇左市	天等县	把荷乡	西红柿	马铃薯	ma11 lən41 soi41
贵港市	港南区	桥圩镇	西红柿	番茄	fɔn22 khɛ11
桂林市	灵川县	三街镇	西红柿	毛秀才	mau533 siəu35 tsɤ533
桂林市	龙胜各族自治县	马堤乡芙蓉村	西红柿	洋光椒	iaŋ22 kuaŋ33 ɬiu55
河池市	罗城仫佬族自治县	龙岸镇	西红柿	毛秀才	mo31 sɐu335 tsɐi31

续表

地级市	县级市、市辖区、县、自治县	乡镇、街道、村	词目	例词	例词发音
柳州市	三江侗族自治县	老堡乡	西红柿	毛秀才	mau^{31} siɐu^{35} tshɐi^{31}
南宁市	良庆区	那陈镇	西红柿	金桔	kɐm^{53} kɐt^{33}
南宁市	青秀区	南阳镇	西红柿	甘桔	kɐm^{53} kɐt^{55}
南宁市	上林县	白圩镇	西红柿	金桔子	kɐm^{35} kwɐt^{55} tsei^{55}
桂林市	兴安县	高尚镇	西红柿	洋海椒	ia^{113} ha^{33} tɕiu^{55}
河池市	罗城仫佬族自治县	小长安镇	西红柿	毛秀才	mɔ^{22} sɐu^{445} tsai^{21}
贺州市	八步区	桂岭镇	西红柿	番茄	fan^{55} kia^{131}

从词表中我们发现，“西红柿”一词在大部分平话点里读“金/甘桔子、金桔、毛秀才”。南宁白话“西红柿”一词读为“番茄［fan^{55} kyhɛ^{21}］”。葛家园平话“西红柿”一词读为“番茄［fan^{41} kɛ^{21}］”应该是受白话影响所致。

【叔父】在葛家园平话里有两种说法：一是“阿叔［a^{33} sœk^{33}］”（面称、背称均可），二是“阿叔［a^{33} suk^{55}］”。在南宁白话里，“叔父”一词读作“阿叔［a^{3}ʃuk^{5}］”。我们在前面的语音部分中也讨论过，葛家园平话的下阴入［55］调是借自白话的声调，因此第二种说法中的“叔”字读作［suk^{55}］就是借自白话的。

【眯眼】在葛家园平话里有两种说法：一是“眯眯眼［mi^{55} mi^{55} ŋan^{24}］”，二是“眯眯眼［mɐi^{55} mɐi^{55} ŋan^{24}］”。其中第一种说法的“眯”读为［mi^{55}］，这是借自白话的读音。南宁白话的“眯眼”一词读作［mi^{55} ŋɛn^{24}］，葛家园平话的“眯眼”也吸收了白话的这一读音。

【角一～钱】在葛家园平话里有两种说法：一是“角［kak^{33}］”，这个说法比较常用；二是“毫［hau^{21}］”。第二种说法也是借自白话的，因为南宁白话“角一～钱”的说法是“毫［hu^{21}］”。

（三）语法层面的影响

语法是语言中最稳定的要素，即便如此，长期的地缘、语言文化接触，同样会引起语法系统中某些规则、结构的变化。例如词法方面，葛家园平话的人称代词的单复数形式受白话影响，在语音的表现上呈现出与白话一致的现象。

葛家园平话的人称代词单复数形式如下表所示：

方言点	词目						
	我	你	他	我们	咱们	你们	他们
葛家园平话	$ŋɔ^{24}$ 我	ni^{24} 你	ki^{21} 佢（口语）tha^{41} 他（书面语）	$ŋɔ^{24}$ ti^{22} 我哋	$ŋɔ^{24}$ ti^{22} 我哋	ni^{24} ti^{22} 你哋	ki^{21} ti^{22} 佢哋
南宁白话	$ŋɔ^{24}$ 我	ni^{24} 你	khy^{24} 佢	$ŋɔ^{24}$ ti^{22} 我哋	$ŋɔ^{24}$ ti^{22} 我哋	ni^{24} ti^{22} 你哋	khy^{24} ti^{22} 佢哋

根据葛家园平话和南宁白话的对比，发现葛家园平话的单复数形式几乎与南宁白话一致。我们再看其他平话方言点的人称代词单复数形式。

方言点	人称代词					
	第一人称		第二人称		第三人称	
	我	我们	你	你们	他	他们
百色那毕	$ŋA^{13}$ 我	$ŋA^{13}$ tui^{22} 我队	nui^{13} 你	nui^{13} tui^{22} 你队	kui^{42} 佢	kui^{42} tui^{22} 佢队
田东林逢	$ŋa^{13}$ 我	$ŋa^{13}$ $tøi^{22}$ 我队	$nøi^{13}$ 你	$nøi^{13}$ $tøi^{22}$ 你队	$køi^{41}$ 佢	$køi^{41}$ $tøi^{22}$ 佢队

续表

方言点	人称代词					
	第一人称		第二人称		第三人称	
	我	我们	你	你们	他	他们
富宁剥隘	ŋa^{21} 我	ŋa^{21} tɔi^{22} 我队	nøi^{13} 你	nøi^{13} tɔi^{22} 你队	køi^{31} 佢	køitɔi^{22} 佢队
龙州上龙	ŋa^{53} 我	mɐn^{21} tɔi^{21} 文队	nøi^{53} 你	nøi^{53} tɔi^{21} 你队	køi^{31} 佢	køi^{31} tɔi^{21} 佢队
横州横州镇	ŋɔ^{13} 我	ŋɔ^{13} tøi^{22} 我队	nEi^{13} 你	nEi^{13} tøi^{22} 你队	khy^{13} 佢	khy^{13} tøi^{22} 佢队
宾阳芦圩	ŋø^{22} 我	ŋø^{22} mun^{213} 我们	nei^{22} 你	nei^{22} mun^{213} 你们	tha^{34} 他	tha^{34} mun^{213} 他们
玉林福绵	ŋɔ^{13} 我	ŋɔ^{13} ȵɐn^{31} 我人	ni^{33} 你	ni^{33} ȵɐn^{31} 你人	ky^{31} 佢	ky^{31} ȵɐn^{31} 佢人
临桂五通	ŋuə^{53} 我	tøi^{13} □	nEi^{54} 你	nɔ^{13} 你	tha^{35} 他	tɔ^{13} □
临桂两江	ŋou^{33} 我	thu^{31} □	nai^{33} 你	nei^{31} □	thɔ^{35} 他	thou^{51} □
融水融水镇	ŋu^{44} 我	ŋua^{44} □	ni^{44} 你	nɔk^{33} □	tha^{53} 他	ta^{435} □
灵川三街	ŋ̍^{33} 我	ŋ̍^{33} ni^{21} 我里	ni^{33} 你	ni^{533} ni^{21} 你里	thɔ^{13} 他	thɔ^{13} ni^{21} 他里
宁远清水桥	iou^{55} □	iɔ^{22} lə^{33} □里	ŋ̍^{55} □	ŋ̍^{55} lə^{33} □里	tsu^{33} □	tsu^{33} lə^{33} □里

由表可知，一部分平话点通过改变词尾来表示人称代词单复数的语法意义，如“我队、你队、佢队、我人、你人、佢人”；一部分平话点通过屈折形式来表达同样的语法意义，如变韵、变

调、变声。但用“我哋、你哋、佢哋”这样的方式来表达人称代词单复数并不是平话固有的语法特征，因此我们推断葛家园平话的人称代词单复数应该是受白话影响，在语法上表现出与白话趋同的现象。

语言的相互接触，是语言之间普遍存在的一种关系。这种关系是一把双刃剑，可以对语言造成性质完全不同的两种影响。积极的影响是，通过与其他语言的接触，吸收新的成分和表现形式，从而加深自身语言的内涵，增强语言的表现力和社会功能，促进语言的不断丰富和发展；消极的影响是，语言内部的结构特点受到大量外来成分的严重侵蚀，自身的结构规律被破坏，固有的词汇和表现形式被异化或完全取代。同时在实际使用中一种语言由于处于弱势地位，使用范围缩小，使用人数减少，社会功能弱化。

从以上语音、词汇、语法三个方面的分析看来，葛家园平话在不同程度上都受到了外来方言的入侵，语言的表现力和社会功能都在弱化，语言接触对其产生了消极的影响。

一方面，葛家园平话在语言密切接触的情况下，已经被南宁白话渗透其中，并留下了或多或少的印记。我们在语音、词汇、语法的层面都不同程度地找到了一些南宁白话的痕迹，即使是稳定性相对较强的语法结构，也受到了南宁白话的影响。随着接触的深入，越来越多的形式将会慢慢从这些“缺口”中进入平话的系统。也许再过几十年或上百年，平话的特征将逐渐消退，少数也可能会作为底层沉淀，为曾经的平话权威方言地位提供一点证据。

另一方面，自推广普通话以来，普通话与平话的接触日益加深，两者相似度很低，那些差别较大的而又较常见的特征就容易在葛家园平话的系统里留下印记，尤其体现在一些书面用字的语音层面上。

四　影响葛家园平话蜕变的非语言因素

葛家园平话被南宁白话和普通话包围，在语言上表现出了方言岛性质。方言岛的周围是与自己相异的语言，在密切接触的情况下，趋同是主流，这势必导致方言岛的方言特征逐渐消退并最终消亡。与此同时，除了语言因素的影响之外，非语言因素的影响也会导致其蜕变。

在此，我们再从另一角度考察葛家园平话蜕变而导致的濒危状况。

20 世纪 70 年代，语言学界提出了“濒危语言”这一概念，在短短的十几年时间里迅速成为语言学领域的新热点。徐世璇、廖乔婧在《濒危语言问题研究综述》中提出“语言濒危”的含义：“广义的语言濒危，其原因包括自然灾害、疾病、战争等自然和社会政治多方面原因造成的种族灭绝以及因为语言转用而导致的语言消失；狭义的语言濒危，主要指因文化同化和语言转用造成群体全部成员放弃自己的本族语而导致的危机。”不管是广义的还是狭义的“语言濒危”，语言濒危现象已成为全世界普遍存在的语言危机。而影响原因包括政治、经济、社会、文化等多方面因素，非常错综复杂。

语言功能退化乃至濒临消失是一个复杂的渐变过程。在这个过程中，语言的生存状况和濒危程度是不同的。

2000 年 2 月，在德国科隆召开了一次关于濒危语言的会议，参会学者一致同意将语言分为 7 个层级，主要以使用者的年龄段为依据①：

a. 安全：语言前景没有危险，语言群体中的所有儿童都在

①徐世璇、廖乔婧：《濒危语言问题研究综述》，《当代语言学》2003 年第 2 期。

学习自己的本族语；

b. 稳定但受到威胁：语言群体中的所有成员都使用自己的本族语，但总人数很少；

c. 受到侵蚀：只有部分成人和儿童使用自己的本族语，另外部分人已经转用其他语言；

d. 濒临危险：语言使用者的年龄全部在 20 岁以上，儿童已经不学习和使用自己的本族语；

e. 严重危险：语言使用者的年龄都在 40 岁以上，青少年和儿童都不再学习和使用自己的本族语；

f. 危急：只有少数 70 岁以上的使用者，语言的留存已经处在临界的危急状态；

g. 灭绝：没有任何使用者。

此外，澳大利亚语言学家、汉学专家大卫·布莱德雷（David Bradley）在濒危语言讨论会上对东南亚濒危语言情况做了报告，他所做的层级分类主要从人数比例、语言功能和使用者对母语的态度三个方面来确定，相比之前单从使用者年龄这一个方面来确定语言的濒危程度，这一指标已经是相当综合了。但还有其他社会因素也会影响语言的濒危程度，如年轻人因为求学求职离开家乡的情况，政府对这一语言的态度，婚姻关系中的语言组合情况，本族语在宗教、识字教育及书面语中的使用程度等。因此，我们在讨论葛家园平话的濒危状况时，应该综合考虑上述所提到的这些因素。

根据学者们对濒危程度的划分，若单从使用者的年龄这一指标来衡量，葛家园平话的濒危程度介于濒临危险和严重危险之间。我们以语言使用者年龄为标准做了一个调查，调查所得数据参见下表：

葛家园不同年龄段兼通多种汉语方言人数调查统计表（不含外来人口）

分类		使用方言总人数		只使用平话人数		只使用白话人数		只使用普通话人数		兼通平话、白话人数		兼通平话、普通话人数		兼通白话、普通话人数		兼通平话、白话、普通话人数		备注
性别		男	女	男	女	男	女	男	女	男	女	男	女	男	女	男	女	
年龄段	61 岁以上	40	38			4	8									36	30	
年龄段	51～60 岁	43	40			3	10									40	30	
年龄段	41～50 岁	10	8													10	8	
年龄段	31～40 岁	12	9											6	4	6	5	
年龄段	21～30 岁	13	12											10	10	3	2	
年龄段	11～20 岁	15	10											15	10			
年龄段	10 岁以下	10	20											10（主要使用普通话）	20（主要使用普通话）			
合计		143	137			7	18							41	44	95	75	

我们从上表中发现，使用方言的代际差异尤为显著，使用平话者的年龄基本上都在 20 岁以上了，而 20 岁以下的青年、少年和儿童已经基本不使用平话了。

因此，仅从语言使用者年龄这一要素考虑的话，葛家园平话已表现出濒危状态。

根据调查得到的数据，我们做进一步分析，葛家园平话使用者人数占使用方言和普通话总人数的26%，白话使用者人数占使用方言和普通话总人数的34%，普通话使用者人数占使用方言和普通话总人数的40%。通过比对我们发现，葛家园使用平话的人数最少，而使用白话和使用普通话的人数大抵相当。从这一因素去看，葛家园平话也处于濒危状态。

再从语用功能来考量，自粤语入邕后，逐渐取代平话的权威方言地位，成为南宁城区的强势方言，政治、经济、文化、社会生活已不再使用平话来作为交际用语，南宁城区的平话逐渐成为只在本族人内交流时使用的语言，对外则使用白话或普通话。南宁城区的平话的语用范围迅速缩小，也使得其濒危程度逐渐加深。

另外，南宁城区的平话使用者对自己的母语所持的态度也有所不同，认为从听感上来说，平话的“好听”程度远不及白话和普通话，说平话容易被他人嘲笑。因此年轻一代已不再学习或使用平话了，导致平话使用情况出现了断代现象。葛家园平话就比较典型。

从上述所讨论的几个因素综合考虑，我们认为葛家园平话已处于濒危状态。葛家园平话在和其他语言密切接触的状态下，不仅受语言因素的影响使其内部发生演变，而且非语言因素的影响也使其发生衰变。

（一）交通、经济因素

交通状况在语言接触中处于重要的地位。若聚居地与外界有山川河流隔绝，与外界的交流将大大减少，其变异也就多局限于自身的演变了。正如曹志耘在其论文《地理语言学与汉语方言地图集研究》中所说：“适于方言岛生存的因素是地形复杂、交通不便、经济文化落后、区内方言悬殊。这些因素有一个相同的作用，就是可以使方言岛存在于一个相对独立和封闭的空间，或者说相对‘真空’的状态中。而这种‘真空’的状态一旦被打破，方言岛就不可避免地走向消融或灭亡之路。”葛家园平话在语言性质上原本属于方言岛，但后来相对独立而封闭的“真空”被打破，便加快其衰变。

南宁是广西首府，具有沿江、沿海和沿边的地缘优势，拥有发达的航空、铁路、水路立体交通网络，而处于市中心的葛家园为繁华之地。过去，葛家园的葛姓祖业以蔬菜、果树种植和鱼塘养殖为主，可以说环境得天独厚，使得它物产丰盛，慈姑、莲藕、空心菜、西洋菜等很受邕城人的喜欢。葛家园可谓水陆连贯、四通八达。而随着城市的发展和国家建设的需要，葛家园周边的田地和鱼塘被纳入了征用范围，逐步改建为机关单位，葛姓祖业只保留了一些葛家园老村旧貌。随着人口的不断增长，有些保留下来的旧房老屋被拆除，建成了新楼房。如今，葛家园巷内仅存一座在2008年由葛氏后裔共同修建的葛氏宗祠，葛氏后裔大多已搬迁出葛家园巷，原来的老房子一般出租给外人。葛家园随着时代的发展，交通便利，经济结构也随之发生改变。便利的交通促进了葛家园平话与南宁白话和普通话的交流，为平话、白话和普通话的接触创造了重要的条件。而经济结构的改变、土地的征收和房屋的出租，也使得葛家园平话受到冲击，白话和普通话日益侵入葛家园平话内部。

（二）政治、教育因素

粤语，俗称“白话”，进入广西南部的时间大致是在清朝中叶，随着粤籍商人、移民从广州一带溯西江、浔江、郁江、左江到达广西南部。白话也影响桂东南这一带。到了20世纪30年代以后，南宁市城区平话作为权威方言的地位逐渐被南宁白话所替代。白话不仅作为通用语流行于市区及各乡镇，并且占据了官方用语、教学用语的地位。

随着广西推广普通话工作的开展，官方用语、教学用语也改为普通话。推普工作的展开一方面给全国各族人民的交流，经济、文化、政治的往来带来了极大的便利，使语言不再是阻碍各族人民沟通交流的障碍；但另一方面又给一个地区的方言或少数民族语言造成冲击，这种冲击使得方言或少数民族语言的存在感大大降低，人们对自己的母语方言或少数民族语言的认同感也逐渐下降。

政治和教育因素把普通话推向了通用语的地位，每个人都需要学习掌握这一通用语。而白话又成为强势方言，弱势方言使用者总以掌握强势方言为荣，一方面是觉得方便沟通交流，另一方面是觉得自己有见识有地位。久而久之，平话在普通话和白话的“排挤”下就成了“土话”，使用范围迅速缩减。

葛家园平话正是处于这样的境地，其使用频率的降低和范围的缩小可能将使葛家园平话逐步萎缩，逐步消融直至最后完全消失。

（三）人口比例及婚嫁因素

据葛家园葛氏族谱的编纂人记载，南宁市七星路（古城口）葛家园有400余人，始迁祖为玉尊公（一代祖），至今已历33代。但人口迁移、嫁娶、出生率和死亡率等都影响了人口的基数变化。葛家园巷内的人口数量在这个地区并不占优势，自然说平话的人数也不占据主导地位。另外，人口比例的弱势地位决定了与家族男性婚配的女子从一开始就以外方言女子为主，这也符合我们实际调查的情况。嫁入葛家园的媳妇往往操外方言，说白话或其他方言，又或是普通话，而从葛家园嫁出去的女性也学习外方言。因此，平话的使用人口必然下降。

在这样的情形下，葛家园内的通用语甚至是家庭用语大都成了双语或多语，夫妻双方若都是说平话的，则使用平话交流；夫妻双方若不都是说平话的，则使用白话或其他方言或普通话交流，那么下一代使用的语言主要以白话或普通话为主。白话和普通话对平话的影响大大增强。如此代代相传，平话的特征必然逐渐消散。

（四）语言使用态度

戴庆厦在《社会语言学教程》（中央民族学院出版社，1993年出版）中指出："语言观念又称语言态度（language attitude），是指人们对语言的使用价值的看法，其中包括对语言的地位、功能以及发展前途等的看法。"张伟在其论文《论双语人的语言态度及其影响》中指出："语言态度是指个人对某种语言的价值评价及其行为倾向，它包含着认识、情感和意向三种成分。"由此可见，语言态度在人们的语言生活中起着非常重要的作用，并对语言使用者的语言能力和语言行为产生深刻的影响。

在前述中我们统计过葛家园使用方言的人数，发现葛家园操平话的葛姓族人的年龄已趋于老龄化，20 岁以下的青年、少年和儿童已不再学习或使用平话了，而造成这种现象的其中一个原因就是平话使用者对母语的态度。我们在实际的调查过程中发现，葛家园操平话的葛姓族人认为平话已不再适用于公用场合的交流，社会影响力远不及白话和普通话的大，在听觉上也不如白话和普通话"好听"。虽然内部交流仍旧使用平话，老一辈人也希望能把自己本族的方言传承下去，但迫于强势语言和通用语所产生的压力，不得不逐渐改变对母语的坚定态度。而中青年这一代为人父母的也不希望自己的孩子再学习和使用平话，而转为学习和使用普通话，能说一口流利标准的普通话与外族人交流更为便利。由此，葛家园平话使用者对母语的态度使得葛家园平话也进一步衰退。

我们从交通、经济因素，政治、教育因素，人口比例及婚嫁因素，语言使用态度这四个方面去初步探究了影响葛家园平话衰退的原因。葛家园平话衰退的现象并不是特例，而是现存的南宁市城中村平话的较普遍现象。在调查葛家园平话之余，我们还调查了南宁市西乡塘区陈东村平话和平田村平话，它们在语言性质上与葛家园平话类似。陈东村和平田村至今还保留有自己的一些土地和祠堂，使用平话的人口也相对较多。即便如此，陈东村平话和平田村平话也处于衰退趋势中，只是衰退的速度相对葛家园平话来说较为缓慢而已。

从南宁葛家园平话的演变中，我们可以窥见南宁平话现在进行的变异的基本特征及其原因的缩影。

第八章 桂南平话内部各小片的区域性特征

我们近 20 年来在广西这一多民族多语（方）言地区进行语言田野调查中发现，当桂南平话内部各小片与多种不同族（系）属的语（方）言长期并密切地汇集在同一地区，在“调适”（accommodation）这一语言机制的驱动下，各小片在语音上会共同作用而产生变异，演变出某些区域性特征。

1. 桂东北富川、八步，湖南江永一带平话（当地称为梧州话或梧州声，这似乎说明平话系列方言古时自广信一带沿贺江北上扩散）与当地瑶语、官话、湘语等相互接触、影响而产生了这样几个区别性特征：(1) 奉母有读作［p-］的回流现象。(2) 端母有读浊边音［l-］的现象。(3) 精母、清母有读为［t-］、［th-］的现象。(4) 韵母系统简化，阳声韵尾［-m］、［-n］多读为［-ŋ］。(5) 有梗摄开口三等、四等韵尾［-ŋ］一致前化为［-n］的现象。见下表。

	饭	刀	精	清	咸	搬	笔	心
江永	paŋ^{33}	lau^{44}	tsioŋ^{44}	tshioŋ^{44}	hoŋ^{42}	paŋ^{44}	pa^{5}	sai^{44}
富川麦岭	pei^{53}	lo^{54}	tɕi^{54}	tɕhiŋ^{54}	hɐŋ^{31}	pi^{54}	pɑ^{35}	si^{54}
富川莲山	pan^{223}	lo^{53}	tɛŋ^{53}	thɛŋ^{53}	an^{132}	mɤin^{33}	pɤ^{53}	sɤŋ^{53}
八步	pan^{223}	lo^{53}	tɛn^{53}	thɛn^{53}	am^{131}	pun^{53}	pɔt^{55}	ɵɔm^{53}
玉林	fɔn^{21}	ɗɐu^{54}	teŋ^{54}	theŋ^{54}	ɔm^{31}	ɓun^{54}	ɓɐt^{33}	ɬɐm^{54}

续表

	饭	刀	精	清	咸	搬	笔	心
容县	fan^{31}	$tɐu^{55}$	$ɬeŋ^{55}$	$theŋ^{55}$	ham^{121}	pun^{55}	$pɐt^{55}$	$ɬɐm^{55}$
藤县	fan^{22}	$ɗɐu^{53}$	$teŋ^{53}$	$theŋ^{53}$	ham^{131}	$ɓun^{53}$	$ɓɐt^{55}$	$ɬɐm^{53}$
苍梧	fan^{22}	$tɐu^{54}$	$teŋ^{54}$	$theŋ^{54}$	ham^{31}	pun^{54}	$pɐt^{55}$	$ɬɐm^{54}$
封开南丰	pan^{22}	to^{55}	$tɕiŋ^{55}$	$tɕhiŋ^{55}$	am^{35}	pon^{55}	$pɐt^{55}$	$sɐm^{55}$
封开莲都	fan^{11}	$ɗəu^{55}$	$teŋ^{55}$	$theŋ^{55}$	ham^{35}	$ɓun^{55}$	$ɓɐt^{55}$	$ɬɐm^{55}$
浦北安石	fan^{31}	$ɗɛu^{455}$	$tsɐn^{455}$	$tshɐn^{455}$	ham^{33}	$ɓɛu^{455}$	$pɐt^{33}$	$sɐm^{455}$

2. 桂东南玉林、容县、岑溪、藤县、苍梧，以至广东封开一带的平话与当地壮语、粤语、客家方言等相互接触、影响而产生了这样几个区别性特征：(1) 帮母、端母浊化为 [-ɓ]、[-ɗ]。(2) 奉母有读作 [p-] 的回流现象。(3) 精母、清母读为 [t-]、[th-]。(4) 心母有读 [ɬ-]、[f-] 的现象。(5) 有梗摄开口三等、四等韵尾 [-ŋ] 一致前化为 [-n] 的现象。(见上表)

3. 桂西南左右江流域的扶绥、崇左、宁明、龙州、南宁市郊县区（包括武鸣、马山）、隆安、平果、田东、田阳、百色以至云南富宁一带的平话与当地壮语、粤语等同变群，该同变群产生了几个同变结果：(1) 心母读 [ɬ-]。(2) 以母读 [h-]。(3) 果蟹效宕摄开口一等字的主要元音为 [a]，与二等韵相同（此处以假江摄二等和果宕摄一等相配）。(4) 梗摄开口三等、四等韵尾 [-ŋ] 一致前化为 [-n]。(5) 因入声韵母主要元音音长有别而可分出长入和短入。见下表。

	赢	星	我	茶	袋	鞋	宝	饱	糖	讲
扶绥	$heŋ^{33}$	$ɬeŋ^{355}$	$ŋa^{53}$	tsa^{33}	tai^{22}	hai^{33}	pau^{53}	pau^{53}	$taŋ^{33}$	$kaŋ^{53}$
龙州	$hən^{31}$	$ɬən^{55}$	$ŋa^{53}$	tsa^{31}	tai^{22}	hai^{31}	pau^{33}	pau^{33}	$taŋ^{31}$	$kaŋ^{33}$
南宁	$hən^{31}$	$ɬən^{55}$	$ŋa^{11}$	tsa^{31}	tai^{22}	hai^{31}	pau^{33}	pau^{33}	$taŋ^{31}$	$kaŋ^{33}$

续表

	赢	星	我	茶	袋	鞋	宝	饱	糖	讲
平果	hən^{31}	ɬən^{55}	ŋa^{13}	tsa^{31}	tai^{22}	hai^{31}	pau^{33}	pau^{33}	taŋ^{31}	kaŋ^{33}
百色	hən^{42}	ɬən^{54}	ŋa^{13}	tsa^{42}	tai^{22}	hai^{42}	pau^{33}	pau^{33}	taŋ^{42}	kaŋ^{33}
富宁	hən^{31}	ɬən^{44}	ŋa^{11}	tsa^{31}	tei^{22}	hai^{31}	pau^{33}	pau^{33}	taŋ^{31}	kaŋ^{33}
宾阳	hɐŋ^{213}	ɬɐŋ^{34}	ŋø^{22}	tsa^{213}	tai^{42}	hai^{213}	pɛu^{33}	pɛu^{33}	tøŋ^{213}	tsaŋ^{33}
横州	hɐŋ^{25}	ɬɐŋ^{55}	ŋɔ^{22}	tsha^{25}	tai^{22}	hai^{25}	pou^{33}	pau^{33}	t‘ɔŋ^{25}	kɔŋ^{33}
浦北安石	iɐn^{33}	sɐn^{455}	ŋo^{35}	tsha^{33}	thui^{31}	hai^{33}	pou^{35}	pau^{35}	thæŋ^{33}	kæŋ^{35}

4. 桂中南的宾阳、横州、上林、贵港等地平话与当地壮语或粤语发生接触产生了这样几个区别性特征：（1）心母读［ɬ-］。（2）果摄开口一等读［-ø］。（3）因入声韵母主要元音音长有别而可分出长入和短入。（4）有韵随调转的现象。

5. 今分布于广西钦州市、北海市、防城港市一带的平话［当地多称其为廉州话，另有新立话（以当地地名称之）、山佬话、麻佬话等异称］与当地客家话、粤语发生接触产生了这样几个区别性特征：（1）其古全浊塞音、塞擦音声母字今一般读为同部位的不送气清塞音、塞擦音声母。（2）有部分帮、端母字今读为［ɓ-］、［ɗ-］。（3）梗摄开口三等、四等字原阳声韵尾［-ŋ］今一般前化为［-n］。

第九章　广西粤语与桂南平话的实际分布

对于广西粤语（广西当地群众称其为白话）的分布，《方言志》称："白话在广西主要分布于桂东、桂东南、桂南地区。……白话几乎覆盖了广西三分之一的地域，……广西的白话主要是明清之际大批广东人入桂经商、从政逐渐形成的。……一般把广西白话分为4片：广府片，包括梧州市、苍梧和贺县（今贺州市八步区）县城及其附近，平南的丹竹、大安2镇。邕浔片，包括南宁、柳州等市，邕宁、崇左、宁明、横县（今横州市）、桂平、平南等县县城及其附近。龙州、百色、田东等地的粤语，也可划归此片。勾漏片，包括玉林、梧州2地区13个市县。钦廉片，包括钦州、合浦、浦北、防城等市县及北海市。"

经过调查，我们认为应是：

第一，主要是自明末清初，尤其是自20世纪抗战期间由大批广东珠江三角洲一带难民和商人将粤语带入广西。这种粤语以广州市城区粤语为标准音（因广州是当时广东以至整个华南地区最大的商埠和文化中心），它的系属即今天学术界所称的粤语区广府片（见《新华方言词典·附录·2008年版〈中国语言地图集〉汉语方言分区分片一览表》，商务印书馆，2011年7月第1版）。这种广府片粤语的分布并不是《方言志》上所称，而实际上主要于民国时期以商贸优势语言的地位，"蛙跳式"即非连片地主要分布于桂东南、桂南的沿西江和沿海岸的城市市区，逐渐成为这些城区即广西梧州市城区、苍梧县城区、藤县城区、平南县城区、桂平市城区、贵港市城区、横州市城区、南宁市城区、百色市城区、北海市城区、钦州市城区的权威方言。这些城区周围的广大汉族农村乡镇的方言则被当地群众称为土白话、平话、廉州话等，当地群众从不称这些方言为白话。1925 年 3 月，北京大学歌谣研究会出版的《歌谣》周刊第 81 号刊有刘策奇先生著的文章《广西语言概论》，这是我们所见资料中最早论述广西语言的论文。我们节选其中三小段："广西语言虽极复杂，然大别之，可分为六大类，就是：官话，白话（广州语），百姓话，麻介话，壮话，瑶话等。""百姓话，则凡河下船家均用之。但在官话区域之船家，除日常用其百姓话外，兼说官话；在陆地上用百姓话的，只有融县一县。""百姓话与白话略同，大概有十分之七的白话成分在内；未听惯之人乍听之，多误认它为白话。"

从上述刘策奇先生的论述中，我们可知：(1) 刘策奇文章所用的广西汉语方言的分类称法［官话、白话、百姓话、麻介话（即客家方言的他称，"麻介"是取其音，其义为"什么"）］应是采自当时当地群众的说法，因为作为官方或学术界较统一的汉语方言的称法最早见于 1934 年中央研究院历史语言研究所的对汉语方言的分区：华北官话、华南官话、吴方言、闽方言、客家方言、粤方言、海南方言等七区。（见 1934 年《申报》地图上的《中华民国新地图·语言区域图》）而"平话"作为官方的说法首见于 1932 年出版的《广西民政视察报告汇编·言语种类及区域》中。(2) 刘策奇文章中提到的"百姓话"即是今分布于广西融江、龙江流域的宜山、柳城、融水、融安（融水、融安是新中国成立后从民国时期的融县分出的）、三江侗族自治县的平话（宜山、柳城、融水、融安当地群众称之为"百姓话"或"土拐话"，三江当地群众称之为"六甲话"，今柳城、融水、融安的船民虽多已上岸居住并已不做船运工作，但相互间仍说百姓话）。(3) 刘策奇认为百姓话虽与白话有相同之处，但它们并不是同一种汉语方言。故把白话与百姓话分列为两种，而不是合为一种。

第二，《方言志》所称的钦廉片粤语是指分布于广西钦州市、北海市、防城港市一带（这一带在宋代前属广西，明代后属广东，1951年划归广西，1955年划回广东，1965年后重新划归广西）的一种汉语方言，当地多俗称其为廉州（廉州即今广西北海市合浦县治廉州镇，为古代合浦郡郡治所在地）话，但是当地群众从不将之称为白话。它的古全浊塞音、塞擦音声母今多读为送气清塞音、塞擦音。这一重要语音特点与平话一般存在的古全浊塞音、塞擦音今读不送气清塞音、塞擦音恰好相反，但仍应属于平话而不属于《方言志》所称的粤语。这是因为：(1) 它与平话一样在宋代之前都存在于广西的行政区划内，都是广西宋代之前就已存在的本土汉语方言。(2) 它既然属于广西古老的本土方言，就不可能属于明清之后才进入广西的官话、粤语、客家方言、湘语、闽语，而只应属于在宋代之前存在于广西及其周边的权威方言——古平话，与今平话同为一种方言。否则，只能以在宋代之前广西境内还同时存在另一种权威方言来解释。但至今为止，这样的解释找不到它的社会、历史或语言等方面的根据。(3) 从区域语音特征看，它与毗邻的勾漏片方言［勾漏片方言应属于平话（见李小凡的《平话的归属和汉语方言分类》）］更相近，如广西浦北县安石镇麻佬话有与勾漏片方言相同的古帮、端母读内爆音［ɓ ɗ］的现象。从一些基本特征词看，它具有与平话各方言点的具内部一致性、对外排他性的共同说法，如“去归回家、灶门｜火炉厨房、铛炒菜锅、索绳子”等。(4) 它的古全浊音今读为送气清音是因受到周边的具有这一普遍语音特点的客家方言影响所致（据袁家骅等著，文字改革出版社1989年6月第2版的《汉语方言概要》所载，客家先民于乾隆、嘉庆以后的第五次较大迁徙的近者主要是到了广西的钦、廉及粤西的高、雷诸州）。这一种因方言间接触而引发的音变不应影响它属平话的性质。(5) 从与它毗邻的广西玉林市博白县的地佬话（属勾漏片方言）看，地佬话也因受周边强势客家方言影响而出现了大部分古全浊音字今仍读为不送气清音，少部分已读送气清音或两读皆可的现象。这可作为钦廉片方言古全浊音原来应为不送气的旁证。

[宋时属广南西路高州，今属广东省湛江市的县级市吴川市，其今城区所在地梅菉街道通行广府片粤语，其古县治吴阳镇通行吴阳话。吴阳话乃当地最古老的汉语方言，它的古精母、清母字今读 [t th]，古帮母、端母字分别读内爆音 [ɓ ɗ]；古全浊塞音、塞擦音声母多读为送气清音，基本特征词有“去归 [hui^{33} kuɐi^{55}] 回家、火炉 [fo^{13} lou^{33}] 厨房、铛 [tshaŋ^{55}] 炒菜锅”。它与广西合浦县廉州话可基本相通等说明它处于自勾漏片方言向钦廉片方言的过渡阶段，是今更接近于钦廉片的一种平话方言。它的这些语言特点说明了钦廉片方言原应与勾漏片方言一样在古全浊塞音、塞擦音上读不送气清音，后来在与周边客家话的接触及影响下变为了送气清音。]

第三，《方言志》既然指出“广西的白话主要是明清之际大批广东人入桂经商、从政逐渐形成的”，而勾漏片、钦廉片这两片方言早于明清前就已在广西存在，那么从时间上或理论上，《方言志》都不应该将它们归入粤语。

综上所述，我们应将形成时段相同（主要在民国时期），语音、词汇、语法等特点高度相同，均非连片地沿江或沿海分布于广西东南部城市市区为《方言志》分出的广府片粤语、邕浔片粤语及北海市市区、钦州市市区的粤语合并为白话（均属粤语广府片），再按地域分出沿江白话和沿海白话。此外，方言片均多与宋时广西境内州、府区划一致，均为当地本土方言，均受其周边少数民族语言或官、湘、粤、客诸汉语方言影响，有着不同语言区域特征，但语言上均有一致性和系统对应性特点。而《方言志》将分为勾漏片粤语、钦廉片粤语、桂南平话、桂北平话这样的汉语方言一并合为平话，依地域和不同的语言区域特征首先分出桂南区和桂北区，再分出桂南贺江片、桂南邕江片、桂南钦江南流江片、桂北融江片、桂北漓江片、土话片①。如图：

①这里的“土话片”专指湘南土话和粤北土话这两小片汉语方言。

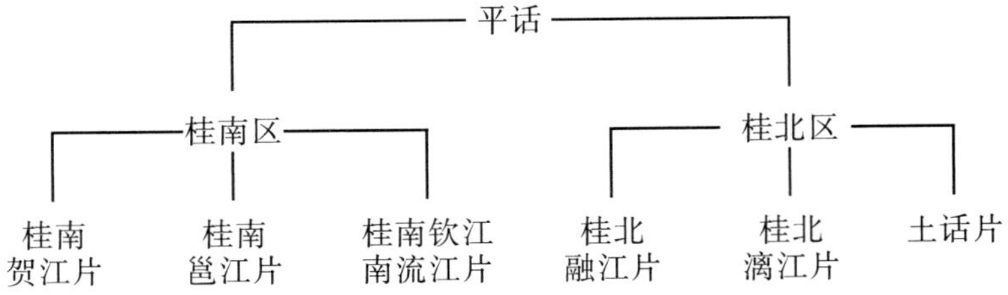
平话
桂南区
桂北区
桂南
贺江片
桂南
邕江片
桂南钦江
南流江片
桂北
融江片
桂北
漓江片
土话片

第十章　桂南平话与周边少数民族语言的相互接触及影响

按照历史比较语言学的观点，所有的语言都是从一个统一的母语中逐渐分化出来的，而凡是从一个共同原始母语中分化出来的语言，则称为亲属语言。这些语言的亲属关系可以根据这些语言之间的系统对应而得到证明，并且可以根据这些得到证明的亲属关系的亲疏远近把世界的各种语言归进一定的语系、语族、语支中。历史比较语言学还认为，一种语言从其母语中分化出来后，与属同一种母语的语言之间只存在一种虽对应但却独立的关系，其语言的演变来自自身的因素。

但是我们认为，根据广西多语（方）言，多民族和语（方）言之间、民族之间长期密切接触的历史与现状，广西各民族语言虽有着各自的特点，但由于在发展过程中，彼此不断接触、交叉，以至交融、换用，就使得广西各民族语言的演变、形成不仅仅有来自本身的因素，还与异源的周边语言的接触、影响有密切关系，从而使广西各民族语言的状况表现得十分复杂。至于具体至桂南平话与周边少数民族语言（主要为壮侗语族语言）的相互接触与影响，大致可分为以下两种情况：

一　桂南平话对壮侗语族语言的影响

在汉人南来之前，壮、侗等民族以农耕、捕捞业为生，商品经济还没有出现。城市、集镇大都是汉人到来之后，由汉族和当地少数民族共同建成的。由于汉族在经济、文化和政治等方面的影响及汉族到来后的新事物的大量涌现，少数民族语言直接从汉语中吸收新词，借用文化、政治等方面的词语，以至用汉语的词语代替原本民族相应的词语便是很自然的事。广西壮、侗等民族早期接触的就是汉语的古平话，他们从古平话中吸收了许多语词。下面以壮语里的 16 个古平话借词为例。这些早期借词一般有 3 个特点：（1）借入年代较早。（2）以单音节词居多。（3）所表现的内容多为较古老的政治制度、天干地支、度量衡名称、数词和部分常用的名词、动词、副词、介词等。例词下面是武鸣壮语的读音。

例词	磨	台	镰	锯	箸	铜	尺	两
壮语读音	mu^{33}	tai^{31}	lim^{31}	kaɯ^{35}	taɯ^{33}	toŋ^{31}	ɕik^{55}	liŋ^{42}
例词	铺	学堂	笔	墨	读	算	国	索
壮语读音	pau^{35}	hak^{33} taŋ^{31}	pit^{55}	mak^{33}	tok^{33}	sun^{35}	kuk^{35}	ɕak^{33}

这些早期借词已扎根于壮、侗等民族语言之中并带有这些语言或内部方言的特色。尽管它们在各地读音不尽相同，然而都具有古平话的某些语音特点（与现代平话读音也相近）。

壮、侗等民族过去都没有与自己语言相对应的通用文字，只能通过汉语、汉文读书识字。历代中央政府除在广西汉族人民中开办学校，培养知识分子和官吏外，还在壮、侗等民族的上层人物中培养了不少通晓汉文的知识分子。唐宋以来，有不少著名的文学家、官吏，如柳宗元、黄庭坚、范成大、王阳明等被派到广西各地任官，他们在任官期间都要在当地讲学，以“德化”民众。至明朝时，各地设立书院，如王阳明在南宁设立了敷文书院（在今南宁市共和路与北宁街交会处），甚至在一些较僻远的县，如天河（今罗城）、思恩（今环江）、隆安、上思等地也都设立了类似的学校。各地壮族人民自己延师办学的也不少。当时广西各地的主要交际用语还是古平话，汉族和壮族老师给壮族学生教学用的也是古平话，这样代代相传。在广西中南部地区，如邕宁、上林、贵港、宾阳、横州、扶绥、上思、平果、隆安、马山等地的壮族群众中就逐渐形成一种“壮读汉字音”（简称“读书音”）。这些地区的早期借词的语音与这套读书音一致，有文化的老一辈壮族人现在仍然能用这套读书音来读汉文书报。由于各地读书音已被整合入当地壮语的语音系统，带有当地壮语方音特色，所以各地的读书音也有一些差别。过去这套壮读汉字音通行的地区比现在的还广，如来宾、武鸣等地壮语里的新借词一般都按西南官话的语音形式来吸收，但还可以找到仍按壮读汉字音吸收的一些新借词：

汉义	来宾壮读汉字音	来宾新借词读音	平话	西南官话
革命	keːk^{33} miŋ^{21}	kə^{21} min^{214}	kɛk^{33} mən^{22}	kə^{31} min^{35}
汉义	武鸣壮读汉字音	武鸣新借词读音	平话	西南官话
祖国	ɕo^{55} kuːk^{35}	ɕu^{55} ko^{31}	tsə^{33} kok^{33}	tsu^{55} kuo^{31}

罗城的仫佬语和金秀的拉珈语也有仍用这套读书音来吸收新词的现象。此外，在邕宁的壮族、罗城的仫佬族、金秀讲拉珈语的瑶族还可用这套读书音来编唱山歌。

广西汉语方言对少数民族语言的进一步影响表现在：少数民族在汉族的政治、经济、文化的长期、强大的影响下，出现了在家说本民族语言，在外也能熟练操说汉语方言的双语现象。

根据 1998 年广西在全国统一部署下开展的全区语言文字使用情况抽样调查资料，全区总调查对象 13596 人，有效记录 13596 人，全区能使用 5 种语言者占调查总人数的 0.06%，能使用 4 种语言者占 2.13%，能使用 3 种语言者占 29.23%，能使用 2 种语言者占 48.54%，只能使用 1 种语言者占 20.04%。广西双语、多语使用人口已占到约 80%，基本上是属于双语、多语使用者。值得注意的是，双语中的“少数民族语—汉语方言”类型，即在家庭内说本民族语，在外说当地汉语方言的类型，该类型人口约占双语使用者总人数的 50%，主要为各地的少数民族。

而这种“少数民族语—汉语方言”类型的双语使用者中，“少数民族语—西南话桂柳话”类型的双语使用者的人口最多，为1154人，原因是在明清前，中央政权对广西西部少数民族地区一直实行羁縻政策，明清时只有作为官府语言的西南官话能对当地少数民族语产生影响。其次是“少数民族语—平话”类型的双语群体（同样以301～1000人以内双语群体调查数据为准），如邕宁那楼、那陈等地的壮族和罗城黄金、龙安、长安一带的仫佬族，他们既能熟练使用本民族语言，又能用当地平话与周围说平话的汉人交际，是地地道道的双语使用者。

在广西少数民族地区没有301～1000人以内的“少数民族语—粤语”类型的双语群体，这说明即使粤方言凭借其商业、生产技术等优势，在广西东南部扎下了根，但由于其入桂时间较晚，以及其优势地位较快地被后来入桂的普通话所取代，因此粤语对广西少数民族语言的影响不如西南官话和平话。至于“少数民族语—普通话”类型的301～1000人以内的双语群体，也不存在。这其中的原因有两个：（1）普通话入桂时间最晚，是新中国成立后才进入的。（2）西南官话或平话作为第二语言在少数民族地区中仍完整地发挥着交际工具的作用。然而，普通话正在迅速地影响着少数民族中受过文化教育的青少年，可以预测，在不久的将来，广西必然会出现“少数民族语—普通话”类型的双语群体。

二　壮侗语族语言对桂南平话的影响

语言的影响往往是双向的。在千百年的交往中，汉语尤其是平话、粤语等汉语方言也受到壮侗语族语言的影响，现从语音、词汇、语法三个方面举例。

（一）语音方面

如壮侗语族语言的塞音中只有［ɓ-］、［ɗ-］这两个浊内爆塞音，壮侗语族居民在借入平话词语或学说平话，甚至进而改用平话时都会带入壮侗语族语言的这对塞音来对应平话的帮母［p］和端母［t］，汉族居民在和壮侗语族居民交际时也会接受平话所受的这一影响，这样就造成平话帮母、端母的浊化及引起精母、从母［ts dz］变为［t］的链移式音变，即：

［p］（帮）、［t］（端）→［ɓ］、［ɗ］　　［ts］（精）、［dz］（从）→［t］

如玉林、容县的平话勾漏片：

碑（帮）［ɓi⁵⁴］｜担（端）［ɗan⁵⁴］｜晶（精）［teŋ⁵⁴］｜曹（从）［tɐu³¹］

下面我们再以桂南平话显著的语音特征之一——舌尖边擦清辅音［ɬ］为例，着重考察并揭示桂南平话受壮侗语族语言的影响而发生的变异轨迹。

首先，桂南平话的声母［ɬ］不是汉语历史语音遗存，而是古越语（今天的壮侗语族，又称侗台语族）的底层语言成分。这一推断可从汉语和壮侗语族的历时、共时现象中获得证实。

从汉语方面考察，语言学家所构拟的上古音、中古音乃至近代音诸声母中均未出现过辅音［ɬ］。虽然目前发现粤语区的粤西南、桂南地区（梁振仕《〈切韵〉系统与南宁音系》，载于《音韵学研究（第二辑）》，中华书局 1986 年出版）有声母［ɬ］，徽语区的黄山话和闽语区的莆仙话亦存有声母［ɬ］（孟庆惠《黄山话的 tɬ、tɬʻ、ɬ 及探源》，《中国语文》1981 年第 1 期），但考虑到这几个方言点的社会文化历史和方言地理仍处于百越民族区域等，声母［ɬ］仅存于这些地点，显然不足以说明汉语语音史上曾存有过声母［ɬ］。历代汉语语音和当今绝大多数汉语方言区域都不具有声母［ɬ］的语言事实，一方面排除了声母［ɬ］作为古代汉语语音成分遗存的可能性，另一方面给了我们它或许为其他民族语音成分渗入影响的启示。若把着眼点投向声母［ɬ］集中分布于南方话中这一特定的历史地理背景，则使我们的推断更为清晰，因为长江以南在秦汉前确曾为百越民族的聚居地，而今天声母［ɬ］的空间分布又恰好在这一地域内，古越语语音成分的渗入影响无疑极有可能。

再从壮侗语族语言方面考察，推断似乎更为明确，因为至今在壮侗语族的壮傣语支、侗水语支、黎语支中仍广泛留存舌尖边擦音声母［ɬ］。例如（以下例字分别引自中央民族学院少数民族语言研究所编的《中国少数民族语言》，四川民族出版社 1987 年出版；韦庆稳等编著的《壮语简志》，民族出版社 1980 年出版；欧阳觉亚等编著的《黎语简志》，民族出版社 1980 年出版）：

壮傣语支的壮语南部方言：洗［ɬɯəi］、小［ɬjaɯ］、书［ɬəɯ］、三［ɬam］、酸［ɬɔm］、镶［ɬjɯəŋ］、剁［ɬap］、喝［ɬut］、包［ɬuək］。

侗水语支的侗语：秤［ɬiu］、血［ɬaːt］。拉珈语：儿媳［ɬie］。

黎语支的黎语：鱼［ɬa］、多［ɬoːi］、二［ɬau］、舌头［ɬiːn］、血［ɬat］、进［ɬuːt］、深［ɬoːk］。

另外，黎族自称读［ɬau］，这一音韵结构中的声母［ɬ］，或许更能证明它在黎语中的古老地位。

根据历史比较语言学的构拟规则，我们可以依据声母［ɬ］在壮侗语族各语支的广泛分布，重构一个古越语辅音声母［*ɬ］。即：

壮傣语支［ɬ］
侗水语支［ɬ］　<　古越语［*ɬ］
黎语支［ɬ］

由此可以推断，当桂南平话在这一大片原为古越语的百越民族地域形成、发展，并在一些地方取而代之的同时，古越语辅音声母［*ɬ］也悄然渗进平话中，并逐步沉淀为底层成分留存下来。据此，我们还可推断，同样在此地域形成、发展的粤语、黄山话、莆仙话声母［ɬ］的形成过程亦大致如此。

其次，辅音发音部位和发音方法的相近因素也为古越语声母［*ɬ］渗入平话提供了转化条件。语音史无数音变事实表明，语音间的长期接缘必然引起语音变异现象发生。从辅音角度看，辅音演变往往首先发生于发音部位和发音方法相近似的音域。古越语声母［*ɬ］之所以能够渗进平话，正是这一音变规律的又一个反映。

据我们调查，桂南平话声母［ɬ］的中古来源为心、崇、邪、生、船、书、禅七母。其中大部分字来自心母，小部分字分别来自邪、生、书、禅四母，来自崇、船二母字数较少。现以百色、田阳、南宁亭子、宾阳为代表点举例如下：

声母［ɬ］来自心母、邪母、生母例字表

切韵声母	例字	百色	田阳	南宁亭子	宾阳
心	傻	꜃ɬo	꜃ɬo	꜃ɬo	꜃ɬo
	须	꜀ɬə	꜀ɬui	꜀ɬy	꜀ɬui
	西	꜀ɬɐi	꜀ɬɐi	꜀ɬɐi	꜀ɬɐi
	搜	꜀ɬou	꜀ɬou	꜀ɬɐu	꜀ɬɐu
	三	꜀ɬam	꜀ɬam	꜀ɬam	꜀ɬam
	信	ɬɐm꜄	ɬɐn꜄	ɬɐn꜄	ɬən꜄
	想	꜂ɬeŋ	꜂ɬeŋ	꜂ɬeŋ	꜂ɬeŋ
	屑	ɬip꜆	ɬip꜆	ɬit꜆	ɬit꜆
	雪	ɬit꜆	ɬit꜆	ɬyt꜆	ɬut꜆
	索	ɬak꜆	ɬak꜆	ɬok꜆	ɬøk꜆
邪	绪	ɬə꜅	ɬə꜅	ɬy꜅	ɬui꜅
	隧	ɬui꜅	ɬui꜅	ɬui꜅	ɬui꜅
生	率	ɬət꜆	ɬət꜆	ɬət꜆	ɬət꜆
	缩	ɬok꜆	ɬok꜆	ɬok꜆	ɬok꜆

来自心母、邪母、生母三母［ɬ］声母字分布较广，各处演变大体一致；而来自书、禅、崇、船四母［ɬ］声母字的分布则相对窄些，只见于部分平话点，且演变状况也不尽相同，其中又以南宁市西郊的心圩平话所出现的字数为最多，读音也最具特色。举例如下：

声母［ɬ］来自生母、书母、禅母、崇母、船母例字表

切韵声母	例字	心圩平话	切韵声母	例字	心圩平话
生	瘦	꜀ɬɐu	书	身	꜀ɬɐn
	衫	꜀ɬam		叔	ɬuk꜆
	生	꜀ɬeŋ	禅	是	ɬi꜅
	识	ɬət꜆		睡	ɬui꜇
	色	ɬɐk꜆		上	ɬeŋ꜅
书	世	꜀ɬi		十	ɬɐp꜇
	水	꜂ɬui		石	ɬət꜇
	手	꜂ɬou	崇	事	ɬɐi꜅
	婶	꜂ɬam	船	食	ɬət꜅

心、崇、邪、生、船、书、禅声母于中古宋代音值（拟音均采用王力说，见王力《汉语语音史》，中国社会科学出版社 1985 年出版）：心母、邪母为［* s］，崇母为［* dʒ］，生母为［* ʃ］，船母为［* dʑ］，书母为［* ɕ］，禅母为［* ʑ］。从发音部位看，［s］为舌尖前音，［dʒ ʃ］为舌叶音，［dʑ ɕ ʑ］为舌面音，与舌尖前音［ɬ］的发音部位相近或相同。从发音方法看，［s ʃ ɕ］为清擦音，［dʒ dʑ］为浊塞擦音，［ʑ］为浊擦音，与边擦音［ɬ］同为擦音类，发音方法亦相近；至于［dʒ dʑ ʑ］虽是浊音，似乎与清音［ɬ］有一定差异，但这并不会阻碍它们向清音［ɬ］的转化，因为浊音清化乃是中古汉语辅音声母发展的一个普遍规律，平话浊声母的发展并不例外。由此可推知，当平话于宋代形成并不断受到古越语声母［* ɬ］影响的时候，与辅音［* ɬ］发音方法相近的心、崇、邪、生、船、书、禅七母便逐渐发生蜕变。其后，随着社会历史、方言地理外因条件与语音音变规律内因条件的合力作用，促使声母［ɬ］在平话的演变终于得以实现。其演变程式试演示如下：

中古宋代音

［*s］（心、邪）、［*dʒ］（崇）、［*ʃ］（生）、［*dʑ］（船）、［*ɕ］（书）、［*ʑ］（禅）——古越语［*ɬ］影响——→平话［ɬ］

如果再进一步从桂南平话声母［ɬ］的变异现状预测其发展趋向，我们认为，由于同一地域的桂南粤语和壮语南部方言都同时存有辅音［ɬ］，且桂南平话与桂南粤语、壮语南部方言之间的互相影响差不多，加之这一地域独特的社会历史条件、壮汉民族关系和地理环境等诸多因素，舌尖边擦清辅音［ɬ］仍将会在桂南平话里较长时间地留存下去，不会于短期内再发生变异或消失。

（二）词汇方面

就平话、粤语而言，各地平话、粤语都吸收了一些壮语借词。现以宾阳平话、南宁白话为例。

	蜻蜓	蜘蛛	曾孙	晒席	剁
武鸣壮语	$piːŋ^{31}pai^{33}$	$tu^{31}kjau^{24}$	lan^{55}	$tuŋ^{33}$	fak^{33}
宾阳平话	$pam^{11}pai^{33}$	$tsoŋ^{53}khou^{35}$	lan^{33}	$tuŋ^{53}$	fak^{31}

	这	扛	烦闷	旋转	热	柚子
武鸣壮语	nei^{42}	$kɯːt^{33}$	$jaːp^{35}$	pan^{35}	$ʔdaːt^{35}$	$lɯk^{33}puk^{33}$
南宁白话	nei^{35}	$kɐt^{22}$	$iaːp^{55}$	$pɐn^{33}$	nat^{33}	$pɔk^{55}lɔk^{55}$

（三）语法方面

以动词为中心的偏正短语，汉语的时间副词作为修饰成分都放在中心语的前面，而壮语则一般是放在中心语的后面。南宁白话受壮话的影响，也把时间副词置于中心语的后面。例如：

武鸣壮语	mɯŋ^{2}	pai^{1}	koːn^{5}
	你	走	先
南宁鹧鸪渌村平话	nəi^{24}	ɛŋ^{21}	ɬin^{53}
	你	行	先
南宁白话	ni^{13}	haŋ^{21}	ɬin^{55}
	你	行	先
普通话	你	先	走

广西的语言在互相影响过程中，多表现为汉语方言对少数民族语的影响，最终结果是少数民族语被汉语方言所替换，即汉语方言逐渐地把少数民族语挤出它的使用领域。如富川、恭城的平地瑶因长期与平话人杂居，逐渐丢失了自己的语言，而换用了汉语平话方言。当然，语言的替换是一种渐变的过程，不可能马上就丢掉一种语言，直接使用另一种方言，这样的语言替换只有在两种有着长期、密切接触史的语（方）言间才可能发生。富川和恭城平地瑶换用汉语平话方言，就是经历了从民族语到民、汉双语，最后到单一汉语的过程。在此值得提出的是，从平地瑶的语言替换，我们可以看到，一种民族语言是很可能被另一种民族语言影响到那种程度，以至完全发生了质变，换成了另一种民族语言，但是他们的民族心理和意识，仍然使我们无法否认他们的少数民族成分。像平地瑶那样，与同民族的其他支系说不同的语言，表现出其民族成分与所操语言的不一致性，这是广西作为语言及民族互相接触影响非常密切、语言分布状况非常复杂、语言资源非常丰富的多语、多民族地区所客观存在的现实。而且这种被换用的语言在当地往往是一种具语言活化石价值、有特色的濒危语言资源，这些均是值得语言工作者、民族学者和语言政策研究工作者深入研究的。

第十一章　桂南平话及其语言文化的社会认同

从墓碑刻写、家谱或族谱的记载、口耳传说中，我们可知桂南平话人，尤其是今左江、右江流域和武鸣、马山等地的平话人，多是从南宁市城区周边迁出的。为此在下文中，我们以南宁市兴宁区五塘镇粟村平话为代表点，以南宁市城区周边平话为代表片展开桂南平话及其语言文化社会认同的研究。

语言认同包括语言态度和语言行为，是个人或群体凭借特定语言及其书写符号的交际和象征作用而进行分别我群与他群的心理认知和行为的实践活动。

语言认同不仅是社会语言学研究中的一个重要课题，也是和人们的生活息息相关的重要领域。作为社会中的人，不可能脱离作为社会要素存在的语言环境。语言从来就不是单一和纯净的，每一种语言都有各种各样的语言变体，对这些语言变体的评价、态度就会直接反映使用某种或某些语言变体的人之间的关系、该语言的社会地位等。进而我们就可以通过这些林林总总的语言评价、语言态度、语言使用、语言行为来预见语言的发展。

本章通过社会语言学的方法，采用问卷调查的形式，对南宁市兴宁区粟村的语言使用、语言态度等语言认同状况，及文化认同、民族认同、心理认同状况等做研究。

一　问卷设计与抽样

（一）抽样

本次调查采用两种抽样方法。

（1）分层抽样。

分层抽样是先将总体的单位按某种特征分为若干次级总层，然后再在每一层内进行单纯随机抽样，将抽出的样本组成一个样本组的方法①。其优点是将科学分组法与抽样法结合在一起，分组减小了各抽样层变异性的影响，抽样保证了所抽取的样本具有足够的代表性，且能够保证每个样本都是真实有效的。其操作步骤是：先将总体分为 i 个层，然后从 i 个层中按规定的比例随机抽取若干个样本，之后再对这些样本进行研究。

具体来说，就是在粟村的人群中，以年龄和性别作为最重要的人口统计特征和分类特征，每 10 岁为一个年龄段，分为 15 岁以下、15～24 岁、25～34 岁、35～44 岁、45～54 岁、55～64 岁、65 岁及以上等 7 个年龄层，分别根据性别的不同，在每一年龄层随机抽取两人作为代表，即每个年龄层均有男女二人，共 2×2×7＝28 个样本。

（2）随机访谈与半结构式访谈。

随机访谈是随机抽取受访者的一种行为，它依据的是概率论中的随机分析理论，优点在于避免了样本人为选择可能造成的数据污染，不必做数据清洗工作。

半结构式访谈是人类学调查中最常用的方式，只需要访谈者按照一个粗线条式的访谈提纲进行非正式的访谈。这种方法对访谈对象的条件、所要询问的问题等只有一个粗略的要求，对提问

①李金昌主编《应用抽样技术（第三版）》，科学出版社，2015。

的方式和顺序、访谈对象回答的方式、访谈记录的方式和访谈的时间、地点等没有具体的要求。

具体来说，我们在粟村随机选择受访者，然后按照之前列出的大致访问提纲对受访者进行调查，受访者包括个人和集体。

（二）调查问卷的设计

本次调查，共设计了两份调查问卷。

（1）语言使用及语言认同情况调查问卷。

调查问卷参考了《中国语言文字使用情况调查资料》（语文出版社 2006 年出版）和李伟丽在《桂南平话民系宗族与语言态度初探》中所设计的调查问卷。

李伟丽文章所使用的问卷可概括为三大部分，即语言使用状况、语言态度、语言预测，共 36 个题目。“问题分单选和多选两类，每个问题根据调查需要设若干选项或指标。问题及选项、指标之间相互印证，可通过逻辑分析检验被试自报的可信度。调查采用封闭式问卷，即问题、选项或指标的设置是既定的，判断者只需在看清题后在相应的选项中标出自己的选择即可。为防止选项或指标过于简单而导致一些重要显现问题的遗漏，在题目旁边留出空白处以供补充。”①

我们将李伟丽文章所使用的问卷进行了增删，扩充到 45 个问题。包括基本信息、语言使用、语言态度、语言认同。其中，基本信息、语言使用、语言态度是选择题，语言认同是打分题。

（2）粟村不同年龄段兼通多种汉语方言人数调查问卷。

根据调查，我们自己设计了粟村不同年龄段兼通多种汉语方言人数调查统计表，可以对不同年龄段、不同性别兼通汉语方言的情况进行统计。

①李伟丽：《桂南平话民系宗族与语言态度初探》，广西大学硕士论文，2008。

二　南宁市城区周边语言认同分析

在下面的分析里，我们将把问卷题目带进分析中。该部分的编排情况是：首先给出问卷题目；其次给出统计数据；最后分析统计数据，得出结论。

（一）基本信息

1. 您的性别：A. 男　　B. 女

2. 您的年龄：

A. 15 岁以下　　B. 15～24 岁　　C. 25～34 岁
D. 35～44 岁　　E. 45～54 岁　　F. 55～64 岁
G. 65 岁及以上

前两个问题主要是为了区分受访者的层次。根据前两问，我们对所有的问卷进行编号：男性编号为 M，女性编号为 F；年龄层编号跟着选项走，即 15 岁以下编号为 A，15～24 岁编号为 B……；第一受访人编号为 1，第二受访人编号为 2。也就是说，15 岁以下男性第二受访人的编号为 AM2，55～64 岁女性第一受访人的编号为 FF1。

3. 您的职业类别（离退休、下岗等人员按原职业选择）：

A. 工人　　B. 农民　　C. 教师
D. 公务员、事业单位人员　　E. 商业、服务业
F. 学生　　G. 其他：__________

根据统计，受访者的职业类别为学生、农民、教师、公务员、商业。其中，学生有 AM1、AM2、BM1、BM2、AF1、AF2、BF1，集中在 24 岁以下；教师有 GM1、GM2，全部是 65 岁及以上的男性；公务员为 BF2，为当地妇女主任；商业为 CF2，为当地小卖铺老板；其余受访者全部是农民。

4. 本地的通行话是：

A. 平话　　B. 白话　　C. 普通话

D. 壮语　　E. 其他：__________

根据统计，28 名受访者一致认为本地的通行话是平话。其中 GM2 受访者指出五塘有两种平话：一种是七塘型，包括两山村、七塘村、王竹村，声音较为柔和；一种是沙坪型，包括永宁村、沙坪村、民政村，声音较为刚硬。

（二）语言使用的统计与分析

1. 母语习得

5. 您小时候（入学前）最先会说的是哪种话（您的母语是什么）?（必要时可选择两种）

A. 普通话　　B. 平话　　C. 白话

D. 壮语　　E. 其他汉语方言：__________

F. 其他少数民族语言：__________　　G. 外语

H. 无法回答

选项		A	B	C	D	E	F	G	H
性别	男	1	13	0	0	0	0	0	0
	女	1	10	0	3	0	0	0	0

这一问主要考察母语习得。

根据上表，我们发现受访者全部单选某一选项，没有双选。其中，母语为平话的占了绝大部分，约 82%。有两人以普通话为母语，全部是 15 岁以下的受访者，这是可以理解的，因为其家庭教育中就使用普通话，父母教其说平话的动力不大。有三人以壮语为母语，全部是外村嫁来的壮族妇女，这也表明了当地与壮族通婚、汉壮杂居的情况。

2. 语言习得途径及原因

6. 您了解平话的途径是：(可多选)

A. 家族长辈介绍　　B. 家谱、族谱

C. 学校学习　　D. 报刊上看到
E. 工作中碰到　　F. 无意中听别人说起
G. 刚刚知道　　H. 不懂平话

选项		A	B	AB	C	D	E	F	G	H
性别	男	12	0	2	0	0	0	0	0	0
	女	14	0	0	0	0	0	0	0	0

7. 您学习平话的原因：（可多选）
A. 职业　　B. 个人兴趣
C. 家族影响、继承传统　　D. 方便社会交往
E. 无法回答　　F. 不懂平话

选项		A	B	C	D	CD	E	F
性别	男	0	0	9	0	5	0	0
	女	0	0	8	2	4	0	0

8. 您了解白话的途径是：（可多选）
A. 家族长辈介绍　　B. 家谱、族谱
C. 学校学习　　D. 报刊上看到
E. 工作中碰到　　F. 跟别人学习
G. 刚刚知道　　H. 不懂白话

选项		A	B	C	D	E	F	EF	G	H
性别	男	0	0	3	0	0	7	1	0	3
	女	0	0	1	0	1	7	1	0	4

9. 您学习白话的原因：（可多选）
A. 职业　　B. 个人兴趣
C. 家族影响、继承传统　　D. 方便社会交往
E. 无法回答　　F. 不懂白话

选项		A	B	C	D	AD	E	F
性别	男	0	0	0	8	5	1	0
	女	0	0	0	12	0	0	2

10. 您了解普通话的途径是：（可多选）

A. 家里人影响、传授　　B. 学校学习
C. 社会交往　　D. 工作
E. 看电视听广播　　F. 其他：________
G. 不懂普通话

选项		A	B	C	BC	D	BCD	E	BCE	F	G
性别	男	0	10	0	2	0	1	0	1	0	0
	女	0	9	0	0	0	0	2	0	0	3

11. 您学习普通话的原因：（可多选）

A. 职业　　B. 个人兴趣
C. 方便社会交往　　D. 无法回答
E. 不懂普通话

选项		A	B	C	BC	D	E
性别	男	2	0	12	0	0	0
	女	0	0	7	3	1	3

此部分主要调查了解平话、白话、普通话的途径及学习的原因。

关于了解平话的途径，大都是通过家族长辈介绍，这显示了平话作为母语的代际传承性。关于了解白话的途径，大都是通过社会交往，其中跟别人学习白话的人数最多，为 16 人，占总样本的 57.1%，这说明白话是作为社会交际用语存在的。关于了解普通话的途径，在学校学习的人数为 23 人，占总样本的 82.1%，说明普通话是一种教学语言，是人们在教学活动中习得的，这也说明了几十年来我国推广普通话工作卓有成效。另外，有 2 名女性是通过广播电视习得普通话的，还有 3 人完全不懂普通话，这很容易理解，因为这些女性都是年龄较大的，可能没有接受过扫盲教育，加之其家庭生活和社会交际单一，对普通话的使用要求没有那么强烈。

关于学习平话的原因，基本集中在家族影响、继承传统和方便社会交往上，因为平话是“祖宗话”，学习平话意味着对传统

文化的传承，且当地人的内部日常生活交流是离不开平话的。关于学习白话的原因，主要集中在职业需要和方便社会交往上，因为白话作为一种强势方言，且其在社会商业领域具有诸多优势，所以人们为了方便对外交往，普遍使用白话。关于学习普通话的原因，我们可以将其与学习白话的原因相比较：

语言		白话		普通话	
性别		男	女	男	女
学习原因	A. 职业	0	0	2	0
	B. 个人兴趣	0	0	0	0
	C. 家族影响、继承传统	0	0	0	0
	D. 方便社会交往	8	12	12	7
	E. 无法回答	1	0	0	1
	F. 不懂这种话	0	2	0	3
	AD	5	0	0	0
	BD	0	0	0	3

从表中我们可以明显看出来，因为方便社会交往而选择使用普通话的人数为 22 人，选择使用白话的为 25 人，其中出于职业需要的，白话为 5 人，普通话为 2 人，不会说普通话的为 3 人，不会说白话的为 2 人。这说明了目前普通话和白话在当地的影响力基本上相当。

3. 语言能力

12. 您现在能用哪些话与人交流？（可多选）

A. 普通话　　B. 平话　　C. 白话

D. 壮语　　E. 其他汉语方言：________

F. 其他少数民族语言：________　　G. 外语

H. 无法回答

选项		A	B	C	ABC	BC	D	ABCD	E	F	G	H
性别	男	0	0	0	7	6	0	1	0	0	0	0
	女	0	4	0	5	1	0	4	0	0	0	0

此部分调查受访者的语言能力。从上表中我们可以看到，双语甚至多语者为 24 人，占到总样本数的 85.7%。其中，兼通平话、白话、普通话三语的有 12 人，兼通平话、白话双语的有 7 人，兼通普通话、平话、白话、壮语四语的有 5 人。根据调查问卷内容我们发现：(1) 只会说平话的绝大部分是 65 岁及以上的老人，并以老年女性居多；(2) 会说平话、白话的较多，基本上只要是会说平话的，都会说白话。

4. 语言内部使用情况

13. 您与本地人交流时使用哪种话？

A. 普通话　　B. 平话　　C. 白话

D. 壮语　　E. 其他汉语方言：________

F. 其他少数民族语言：________　　G. 外语

H. 无法回答

选项		A	B	C	D	E	F	G	H
性别	男	0	14	0	0	0	0	0	0
	女	0	14	0	0	0	0	0	0

通过上表我们可以看到，在与本地人交流时，使用的都是平话，不使用其他方言和语言。这说明平话的内部稳定性是非常强的，起码没有出现代际上的断裂。如果有代际上的断裂，那么就不可能仅仅使用平话了。

5. 语言使用程度

14. 您使用平话的情况：

A. 所有情况下都使用平话，不考虑使用其他语言

B. 多数情况下使用平话，少数情况下使用其他语言

C. 既使用平话，也使用其他语言

D. 少数情况下使用平话

E. 极少使用平话

F. 不使用平话

选项		A	B	C	D	E	F
性别	男	3	11	0	0	0	0
	女	4	3	7	0	0	0

15. 您使用白话的情况：

A. 所有情况下都使用白话，不考虑使用其他语言

B. 多数情况下使用白话，少数情况下使用其他语言

C. 既使用白话，也使用其他语言

D. 少数情况下使用白话

E. 极少使用白话

F. 不使用白话

选项		A	B	C	D	E	F
性别	男	0	0	10	0	1	3
	女	0	0	9	1	1	3

16. 您使用普通话的情况：

A. 所有情况下都使用普通话，不考虑使用其他语言

B. 多数情况下使用普通话，少数情况下使用其他语言

C. 既使用普通话，也使用其他语言

D. 少数情况下使用普通话

E. 极少使用普通话

F. 不使用普通话

选项		A	B	C	D	E	F
性别	男	0	2	12	0	0	0
	女	0	2	8	0	0	4

此部分调查平话、白话、普通话的使用程度。为便于比较，我们将平话、白话、普通话的数据汇集到一起：

语言		平话		白话		普通话	
性别		男	女	男	女	男	女
使用情况	A. 所有情况下都使用这种语言，不考虑使用其他语言	3	4	0	0	0	0
	B. 多数情况下使用这种语言，少数情况下使用其他语言	11	3	0	0	2	2
	C. 既使用这种语言，也使用其他语言	0	7	10	9	12	8
	D. 少数情况下使用这种语言	0	0	0	1	0	0
	E. 极少使用这种语言	0	0	1	1	0	0
	F. 不使用这种语言	0	0	3	3	0	4

从上表我们可以看到：(1) 平话的使用情况以“多数情况下使用这种语言，少数情况下使用其他语言”为主，白话和普通话的使用情况以“既使用这种语言，也使用其他语言”为主。(2) 所有情况下都使用平话，不考虑使用其他语言的，仅平话有7人，这7个人的年龄基本上都在55岁以上，且多数为文盲或者文化水平很低。

17. 就您了解的情况而言，平话可用于：(可多选)

A. 唱山歌　　B. 讲民间传说故事

C. 本地人日常交流　　D. 对外社会交往

E. 几乎没用　　F. 无法回答

选项		A	B	C	ABC	BC	D	E	F
性别	男	0	0	0	9	5	0	0	0
	女	0	0	5	6	3	0	0	0

这一题主要了解受访者对平话的了解程度。从上表我们看到，大多数人认为平话可以唱山歌、讲故事、日常交流，但是没有人认为在对外社会交往中可以使用平话。因此，受访者对平话的对外交际功能，至少是存疑的。

6. 语言使用场合：家庭内部交际

18. 小时候您父亲（或男性抚养人）对您最常说哪种话？

A. 平话　B. 普通话　C. 白话

D. 其他汉语方言：________

E. 少数民族语言：________

F. 外语　G. 无此情况　H. 无法回答

选项		A	B	C	D	E	F	G	H
性别	男	14	0	0	0	0	0	0	0
	女	11	0	0	0	3	0	0	0

19. 小时候您母亲（或女性抚养人）对您最常说哪种话？

A. 平话　B. 普通话　C. 白话

D. 其他汉语方言：________

E. 少数民族语言：________

F. 外语　G. 无此情况　H. 无法回答

选项		A	B	C	D	E	F	G	H
性别	男	14	0	0	0	0	0	0	0
	女	9	1	0	0	4	0	0	0

我们可以将这两题进行对比。根据上面两个表，我们发现，受访者小时候父亲（或男性抚养人）和母亲（或女性抚养人）对他最常说的语言存在一些不同，父亲（或男性抚养人）全部都说平话，而母亲（或女性抚养人）会说普通话、壮语。这是因为有些壮族妇女嫁到粟村，由于平话说得并不太好，而她们本身就会说壮语，因此对孩子自然而然也就说壮语了。说普通话的是一个较为极端的例子，这个家庭的母亲强烈主张孩子使用普通话，觉得平话不太好听，孩子的父亲对此持默认的态度。

20. 现在您在家对父亲（或男性抚养人）最常说哪种话？

A. 平话　B. 普通话　C. 白话

D. 其他汉语方言：________

E.. 少数民族语言：________

F. 外语　　　　G. 无此情况　　　　H. 无法回答

选项		A	B	C	D	E	F	G	H
性别	男	11	0	0	0	3	0	0	0
	女	9	0	0	0	5	0	0	0

21. 现在您在家对母亲（或女性抚养人）最常说哪种话？

A. 平话　　　　B. 普通话　　　　C. 白话

D. 其他汉语方言：________

E. 少数民族语言：________

F. 外语　　　　G. 无此情况　　　　H. 无法回答

选项		A	B	C	D	E	F	G	H
性别	男	11	0	0	0	3	0	0	0
	女	7	1	0	1	5	0	0	0

22. 您在家对子女最常说哪种话？

A. 平话　　　　B. 普通话　　　　C. 白话

D. 其他汉语方言：________

E. 少数民族语言：________

F. 外语　　　　G. 无此情况　　　　H. 无法回答

选项		A	B	C	D	E	F	G	H
性别	男	9	0	0	0	5	0	0	0
	女	5	2	0	0	7	0	0	0

这三题主要针对亲子交流中使用的语言。G 选项是无此情况，我们将其省略。总的来看，在亲子交流中，绝大多数还是使用平话，这一点无论是下对上还是上对下，都是这样。但是，在下对上的交流中，子辈对母亲（或女性抚养人）有一点不同：使用普通话和壮语，这种原因和上面探讨过的原因是一样的，母亲（或女性抚养人）是说壮语的壮族人，孩子对她说壮语也是必然的；说普通话的，仍然是那个较为极端的例子，母亲强烈要求孩子说普通话。

23. 您在家对丈夫（妻子）最常说哪种话？

A. 平话　　B. 普通话　　C. 白话

D. 其他汉语方言：________

E. 少数民族语言：________

F. 外语　　G. 无此情况　　H. 无法回答

选项		A	B	C	D	E	F	G	H
性别	男	8	0	0	0	1	0	5	0
	女	5	0	1	0	0	0	8	0

这一题主要针对夫妻交流中使用的语言。G选项是无此情况，我们将其省略。具体来说，夫妻交流中，绝大多数使用平话。其中，夫对妻有说壮语的，这是因为其妻子是壮族人，不太会说平话；妻对夫有说白话的，这是因为该女性较年轻，从外地壮族村寨嫁过来后，不太会说平话，但是她会说白话，夫妻二人便采用白话交流。

24. 您在家对孙辈最常说哪种话？

A. 平话　　B. 普通话　　C. 白话

D. 其他汉语方言：________

E. 少数民族语言：________

F. 外语　　G. 无此情况　　H. 无法回答

选项		A	B	C	D	E	F	G	H
性别	男	4	0	0	0	0	0	10	0
	女	5	0	0	0	0	0	9	0

这一题调查祖孙交流所使用的语言。除去没有孙辈的19人，在祖孙交流中，如果出现使用祖辈的母语外的方言或语言，我们一般认为这中间可能有代际的断裂。但是在粟村，祖孙交流仍然全部使用平话，这说明粟村平话还是有生命力的，没有出现代际的断裂。

7. 语言使用场合：社会交际

25. 您在本地集贸市场买东西时最常说哪种话？（必要时可

选择两种）

A. 平话　　B. 普通话　　C. 白话

D. 其他汉语方言：________

E. 少数民族语言：________

F. 外语　　G. 无此情况　　H. 无法回答

选项		A	B	C	D	E	F	G	H
性别	男	13	0	1	0	0	0	0	0
	女	5	0	9	0	0	0	0	0

26. 您到自治区、市一级的医院看病时最常说哪种话？（必要时可选择两种）

A. 平话　　B. 普通话　　C. 白话

D. 其他汉语方言：________

E. 少数民族语言：________

F. 外语　　G. 无此情况　　H. 无法回答

选项		A	B	AB	C	D	E	F	G	H
性别	男	1	0	13	0	0	0	0	0	0
	女	3	10	1	0	0	0	0	0	0

27. 您到自治区、市一级的政府部门办事时最常说哪种话？（必要时可选择两种）

A. 平话　　B. 普通话　　C. 白话

D. 其他汉语方言：________

E. 少数民族语言：________

F. 外语　　G. 无此情况　　H. 无法回答

选项		A	B	AB	C	D	E	F	G	H
性别	男	1	12	1	0	0	0	0	0	0
	女	3	10	1	0	0	0	0	0	0

28. 您在单位谈工作时最常说哪种话？（必要时可选择两种）

A. 平话　　B. 普通话　　C. 白话

D. 其他汉语方言：________

E. 少数民族语言：________

F. 外语　　　G. 无此情况　　　H. 无法回答

选项		A	B	AB	C	D	E	F	G	H
性别	男	7	6	1	0	0	0	0	0	0
	女	7	3	1	0	0	0	0	3	0

以上四题均调查社会交际场合中人们使用语言或方言的情况。从以上四表我们可以看出：（1）在本地集贸市场，人们通常使用平话和白话。男性使用平话最多，女性会使用平话和白话，这是因为粟村男性较少去集贸市场；女性作为日常生活中的购买主力，一般需要到镇上去购买生活用品，所以会使用白话。（2）到自治区、市一级的医院看病或政府部门办事，大多数情况下使用普通话，少数情况下使用平话，这说明受访者根据场合选择使用的语言。（3）有些受访者的身份是农民，他们误将田间地头的劳作也作为在单位谈工作，其实他们应当选择"G. 无此情况"。我们将这一部分刨除，剩下的部分就是学生在学校学习、教师在学校授课，以及商人进行贸易活动。我们发现，大多数人还是以使用普通话为主的，这也说明当地推普工作和贯彻落实国家通用语言文字法的工作做得较好。

（三）语言态度的统计与分析

1. 对平话的认知和态度

29. 您对平话的了解程度：

A. 非常了解，知道平话是一种汉语方言

B. 比较了解

C. 不是很了解，不知道平话是一种汉语方言

D. 不了解，从来没听说过

选项		A	B	C	D
性别	男	7	3	4	0
	女	1	9	4	0

30. 您对平话的认识程度：

A. 知道平话，可以流畅地用平话交流

B. 能听懂部分平话

C. 能听懂个别平话

D. 完全不懂平话

选项		A	B	C	D
性别	男	14	0	0	0
	女	13	1	0	0

上面两题主要调查受访者对平话的认知。大多数受访者表示知道平话是一种汉语方言，并能熟练使用。有些受访者不明白“方言”是什么，经解释后，有两男两女（BM1、BM2、AF2、DF2）认为平话不是一种汉语方言，而是一种独立的语言。

31. 在广西范围内播映的电影、电视剧、广播、综艺节目、新闻节目等采用平话，您是否赞成？

A. 赞成

B. 部分赞同（请选出赞同的：a. 电影　b. 电视剧　c. 广播　d. 综艺节目　e. 新闻节目）

C. 不赞成

D. 无所谓

选项		A	B		C	D
			b	d		
性别	男	8	1	1	4	0
	女	8	0	1	5	0

对于使用方言制作的广播电视节目，有 19 人认为可以接受，有 9 人不能接受。这些不能接受的人，有 BM2、FM1、GM1、GM2、AF1、AF2、CF1、EF1、GF1，24 岁以下和 65 岁及以上年龄段的有 6 人，占大多数。年轻人不想收看收听平话制作的广播电视节目，是因为觉得平话“土、不好听”；老年人，特别是 GM1、GM2，文化程度较高，认为应当推广普通话节目。

2. 对白话的认知

32. 您对白话的了解程度：

A. 非常了解，知道白话是一种汉语方言

B. 比较了解

C. 不是很了解，不知道白话是一种汉语方言

D. 不了解，从来没听说过

选项		A	B	C	D
性别	男	4	6	4	0
	女	2	6	4	2

33. 您对白话的认识程度：

A. 知道白话，可以流畅地用白话交流

B. 能听懂部分白话

C. 能听懂个别白话

D. 完全不懂白话

选项		A	B	C	D
性别	男	8	3	3	0
	女	4	6	2	2

以上两题调查受访者对白话的认知。我们可以看到，与平话相比，白话在受访者中的态度有着明显差别，对白话比较了解和能听懂部分白话的人占了大多数，而且男性使用白话比女性熟练。

3. 对普通话的认知

34. 您对普通话的了解程度：

A. 非常了解　　B. 比较了解

C. 不是很了解　　D. 不了解，从来没听说过

选项		A	B	C	D
性别	男	2	12	1	0
	女	0	9	3	1

35. 您对普通话的认识程度：

A. 知道普通话，可以流畅地用普通话交流

B. 能听懂部分普通话

C. 能听懂个别普通话

D. 完全不懂普通话

选项		A	B	C	D
性别	男	11	3	0	0
	女	7	5	1	1

这两题调查的是受访者对普通话的认知。有 23 名受访者认为自己对普通话非常了解或比较了解，26 名受访者能听懂部分乃至全部普通话，这两组的占比分别达到了 82.1%和 92.9%，这说明受访者普遍使用普通话。有一名女性完全不懂普通话，其编号是 FF1，文化程度较低，生活范围一般就在村内，很少到村外活动。她能且仅能使用平话，完全不懂白话和普通话。

4. 对教学语言的态度

36. 您认为本地小学最好用哪种话教学？（必要时可选择两种）

A. 普通话　　B. 平话　　C. 白话

D. 壮语　　E. 外语　　F. 无所谓

选项		A	B	C	D	E	F
性别	男	14	0	0	0	0	0
	女	13	1	0	0	0	0

37. 您认为本地中学最好用哪种话教学？（必要时可选择两种）

A. 普通话　　B. 平话　　C. 白话

D. 壮语　　E. 外语　　F. 无所谓

选项		A	B	C	D	E	F
性别	男	14	0	0	0	0	0
	女	13	1	0	0	0	0

这两题调查的是教学应当使用哪种语言。有 96.4%的受访者认为应当使用普通话，这比《广西语言文字使用问题调查与研究》的 92.9%的数据和《中国语言文字使用情况调查资料》的 93.1%的数据要高，说明推广普通话工作卓有成效。认为应当使用平话的，仍然是 FF1 受访者，她坚持认为最好、最必要使用平话。

5. 对语言地位及前景的预测

38. 今后在国内交往中，您认为哪些话比较重要？（最多选三种）

A. 平话　　B. 白话　　C. 普通话

D. 壮语　　E. 其他：________　　F. 无法回答

选项		A	B	C	BC	D	E	F
性别	男	0	0	13	1	0	0	0
	女	2	0	11	1	0	0	0

从上表中可以看出，认为普通话比较重要的有 24 人，占样本总数的 85.7%。也就是说，受访者普遍认为，就全国范围内而言，普通话的地位是高于其他汉语方言和民族语言的，在国内交往中，普通话有着其他汉语方言和民族语言所不能比的优势。

39. 今后在广西区内交往中，您认为哪些话比较重要？（最多选三种）

A. 平话　　B. 白话　　C. 普通话

D. 壮语　　E. 其他：________　　F. 无法回答

选项		A	B	C	AC	BC	D	E	F
性别	男	0	1	5	2	4	2	0	0
	女	3	0	8	0	3	0	0	0

从上表中可以看到，认为普通话比较重要的占样本总数的 46.4%，认为白话和普通话比较重要的占 25.0%。这也就意味着，对于受访者而言，在广西区内，普通话还是占据一种比较重要的地位，但因为广西普遍通行平话和壮语，平话、壮语在广西

的地位要高过在全国范围内的地位。

40. 在今后的社会交往中，哪种语言对您来说比较重要？

A. 平话　　B. 白话　　C. 普通话

D. 壮语　　E. 其他：________　　F. 无法回答

选项		A	B	AB	C	D	E	F
性别	男	2	0	1	11	0	0	0
	女	3	0	0	9	2	0	0

本题中，认为普通话对自己比较重要的占样本总数的71.4%，其次是平话17.9%、壮语7.1%。而在《中国语言文字使用情况调查资料》中，认为汉语方言对自己重要的比例已经高居全国第二，占28.45%。这说明10多年来，普通话作为一种通用语在广西地区的地位已经大大提升。

41. 您认为平话的发展前景如何？

A. 会有很大发展

B. 在一定范围内发展

C. 在整体范围内保持现状

D. 在一定范围内保持现状

E. 将来不再使用

F. 无法预计

选项		A	B	C	D	E	F
性别	男	0	4	1	7	1	1
	女	0	1	2	10	0	1

这一题让受访者直接对平话的发展前景做出预测，认为平话会有很大发展的为0，认为平话在一定范围内发展的有17.9%，认为平话在整体范围内保持现状的有10.7%，认为平话在一定范围内保持现状的有60.7%，认为将来不再使用平话的有3.6%。我们将这些数据按照对平话的前景悲观（选E选项的）和不悲观（选ABCD选项的）进行统计，则对平话的前景感到悲观的人有3.6%，对平话的前景感到不悲观的人有89.3%。李

伟丽所调查的结果显示，对平话的前景感到不悲观的人有93.4%。我们的调查结果与她的有细微的差别，这种差别我们可以忽略不计，也就是说，平话人对自己语言的前景还是感到乐观的。

（四）语言认同的统计与分析

该部分涉及问卷的第42～45题，我们需要在此进行说明。

（1）第42题有可能与其他三题重复，即对母语的印象可能就是对平话的印象。为解决这一问题，我们在统计中进行了严格的区分：如果第5题选择的母语为平话，第42题略过不计，直接统计第43题；如果第5题选择的母语为白话，第42题略过不计，直接统计第44题；如果第5题选择的母语为普通话，第42题略过不计，直接统计第45题；如果第5题选择的母语为壮语，完整统计第42～45题。所有略过的第42题，不论母语是哪一种，我们将其单独统计，作为对母语的认同的参考。

（2）在描述中，我们对1分到5分的描述是从低到高的，如A选项“是否好理解”就可以描述为“非常不好理解”“有点不好理解”“可以理解”“容易理解”“非常容易理解”。BCDEF选项的描述与A的类似。

1. 对母语的认同

42. 您对母语的印象怎么样？请您从下面几个方面打分，1分为最低分，5分为最高分。

A. 是否好理解	1□	2□	3□	4□	5□
B. 是否好记忆	1□	2□	3□	4□	5□
C. 是否有用	1□	2□	3□	4□	5□
D. 是否有社会影响	1□	2□	3□	4□	5□
E. 是否好听	1□	2□	3□	4□	5□
F. 是否亲切	1□	2□	3□	4□	5□

		1		2		3		4		5	
		男	女	男	女	男	女	男	女	男	女
A	人数	0	0	0	0	0	1	3	4	11	9
	百分比	0	0	0	0	0	3.57%	10.71%	14.29%	39.29%	32.14%
	合计	0		0		3.57%		25.00%		71.43%	
B	人数	0	0	0	0	0	1	4	3	10	10
	百分比	0	0	0	0	0	3.57%	14.29%	10.71%	35.71%	35.71%
	合计	0		0		3.57%		25.00%		71.43%	
C	人数	0	0	1	0	0	2	6	3	7	9
	百分比	0	0	3.57%	0	0	7.14%	21.43%	10.71%	25.00%	32.14%
	合计	0		3.57%		7.14%		32.14%		57.14%	

续表

		1		2		3		4		5	
		男	女	男	女	男	女	男	女	男	女
D	人数	0	0	3	1	5	6	3	4	6	0
	百分比	0	0	10.71%	3.57%	17.86%	21.43%	10.71%	14.29%	21.43%	0
	合计	0		14.29%		39.29%		25.00%		21.43%	
E	人数	0	0	1	0	1	3	5	2	7	9
	百分比	0	0	3.57%	0	3.57%	10.71%	17.86%	7.14%	25.00%	32.14%
	合计	0		3.57%		14.29%		25.00%		57.14%	
F	人数	0	0	0	0	1	1	2	2	11	11
	百分比	0	0	0	0	3.57%	3.57%	7.14%	7.14%	39.29%	39.29%
	合计	0		0		7.14%		14.29%		78.57%	

母语是一个人最初学会的一种语言，反映的是个人对本族语言和文化的认同。本题调查的是对最先学会的语言的态度，实际上就是调查了受访者对母语的态度。

通过上表，我们可以看到，受访者对自己的母语评价为5分的比例是相当大的，有71.43%的人认为自己的母语非常好理解、非常好记忆，有57.14%的人认为自己的母语非常有用、非常好听，有78.57%的人认为自己的母语非常亲切，但是只有21.43%的人认为自己的母语非常有社会影响。这说明人们对自己母语的社会功能评价不是很高，这也和我们调查出来的母语为平话、壮语的人的实际感知是相符合的。因为母语为平话和壮语的人，基本上都认为社会影响力较大的是普通话和白话。

2. 对平话的认同

43. 您对平话的印象怎么样？请您从下面几个方面打分，1分为最低分，5分为最高分。

A. 是否好理解　1□　2□　3□　4□　5□
B. 是否好记忆　1□　2□　3□　4□　5□
C. 是否有用　1□　2□　3□　4□　5□
D. 是否有社会影响　1□　2□　3□　4□　5□
E. 是否好听　1□　2□　3□　4□　5□
F. 是否亲切　1□　2□　3□　4□　5□

		1		2		3		4		5	
		男	女	男	女	男	女	男	女	男	女
A	人数	0	0	0	0	0	1	2	4	12	9
	百分比	0	0	0	0	0	3.57%	7.14%	14.29%	42.86%	32.14%
	合计	0		0		3.57%		21.43%		75.00%	

续表

		1		2		3		4		5	
		男	女	男	女	男	女	男	女	男	女
B	人数	0	0	0	0	0	1	3	3	11	10
	百分比	0	0	0	0	0	3.57%	10.71%	10.71%	39.29%	35.71%
	合计	0		0		3.57%		21.43%		75.00%	
C	人数	0	0	1	0	0	2	7	3	6	9
	百分比	0	0	3.57%	0%	0%	7.14%	25.00%	10.71%	21.43%	32.14%
	合计	0		3.57%		7.14%		35.71%		53.57%	
D	人数	0	0	2	2	5	5	4	3	3	4
	百分比	0	0	7.14%	7.14%	17.86%	17.86%	14.29%	10.71%	10.71%	14.29%
	合计	0		14.28%		35.71%		25.00%		25.00%	

续表

		1		2		3		4		5	
		男	女	男	女	男	女	男	女	男	女
E	人数	0	0	1	0	0	3	5	3	7	9
	百分比	0	0	3.57%	0	0	10.71%	17.86%	10.71%	25.00%	32.14%
	合计	0		3.57%		10.71%		28.57%		57.14%	
F	人数	0	0	0	0	0	0	3	3	11	11
	百分比	0	0	0	0	0	0	10.71%	10.71%	39.29%	39.29%
	合计	0		0		0		21.43%		78.57%	

通过上表，我们可以看到，受访者对平话评价为5分的比例也比较高，这是因为大部分人的母语是平话，有75.00%的人认为平话非常好理解、非常好记忆，有53.57%的人认为平话非常有用，有57.14%的人认为平话非常好听，有78.57%的人认为平话非常亲切，但是只有25.00%的人认为平话非常有社会影响。这说明人们对平话的社会交际功能评价不高。另外，值得我们注意的是，男性受访者和女性受访者对于平话的认知也不相同。总体而言，女性对平话的认知相对消极一些。

3. 对白话的认同

44. 您对白话的印象怎么样？请您从下面几个方面打分，1分为最低分，5分为最高分。

A. 是否好理解　　1□　2□　3□　4□　5□

B. 是否好记忆　　1□　2□　3□　4□　5□
C. 是否有用　　1□　2□　3□　4□　5□
D. 是否有社会影响　　1□　2□　3□　4□　5□
E. 是否好听　　1□　2□　3□　4□　5□
F. 是否亲切　　1□　2□　3□　4□　5□

		1		2		3		4		5	
		男	女	男	女	男	女	男	女	男	女
A	人数	0	0	0	0	2	1	1	3	7	5
	百分比	0	0	0	0	7.14%	3.57%	3.57%	10.71%	25.00%	17.86%
	合计	0		0		10.71%		14.29%		42.86%	
B	人数	0	0	0	0	2	0	1	4	7	5
	百分比	0	0	0	0	7.14%	0	3.57%	14.29%	25.00%	17.86%
	合计	0		0		10.71%		14.29%		42.86%	
C	人数	0	0	0	0	1	0	4	5	6	3
	百分比	0	0	0	0	3.57%	0	14.29%	17.86%	21.43%	10.71%
	合计	0		0		3.57%		32.15%		32.14%	

续表

		1		2		3		4		5	
		男	女	男	女	男	女	男	女	男	女
D	人数	0	0	0	1	0	0	8	6	2	2
	百分比	0	0	0	3.57%	0	0	28.57%	21.43%	7.14%	7.14%
	合计	0		3.57%		0		50%		14.29%	
E	人数	0	0	0	0	3	0	6	7	1	2
	百分比	0	0	0	0	10.71%	0	21.43%	25.00%	3.57%	7.14%
	合计	0		0		10.71%		46.43%		10.71%	
F	人数	0	0	0	0	3	0	4	6	3	3
	百分比	0	0	0	0	10.71%	0	14.29%	21.43%	10.71%	10.71%
	合计	0		0		10.71%		35.71%		21.43%	

通过上表，我们可以看到，受访者对白话的评价大多为 4 分到 5 分，这是因为大部分人的母语是平话，有 42.86%的人认为白话非常好理解、非常好记忆，有 50%的人认为白话有一定的社会影响，但是只有 21.43%的人认为白话非常亲切。这说明人们对白话的社会交际功能评价较好，但是并不对白话有归属感。

同样的，男性受访者和女性受访者对于白话的认知也不相同。总体而言，男性对白话的认知相对消极一些。

4. 对普通话的认同

45. 您对普通话的印象怎么样？请您从下面几个方面打分，1 分为最低分，5 分为最高分。

A. 是否好理解　1□　2□　3□　4□　5□

B. 是否好记忆　1□　2□　3□　4□　5□

C. 是否有用　1□　2□　3□　4□　5□

D. 是否有社会影响　1□　2□　3□　4□　5□

E. 是否好听　1□　2□　3□　4□　5□

F. 是否亲切　1□　2□　3□　4□　5□

		1		2		3		4		5	
		男	女	男	女	男	女	男	女	男	女
A	人数	0	0	0	0	0	1	3	0	10	10
	百分比	0	0	0	0	0	3.57%	10.71%	0	35.71%	35.71%
	合计	0		0		3.57%		10.71%		71.43%	
B	人数	0	0	0	0	0	1	2	0	11	10
	百分比	0	0	0	0	0	3.57%	7.14%	0	39.29%	35.71%
	合计	0		0		3.57%		7.14%		75.00%	

续表

		1		2		3		4		5	
		男	女	男	女	男	女	男	女	男	女
C	人数	0	0	0	0	0	1	1	0	12	10
	百分比	0	0	0	0	0	3.57%	3.57%	0	42.86%	35.71%
	合计	0		0		3.57%		3.57%		78.57%	
D	人数	0	0	0	0	0	1	2	0	11	10
	百分比	0	0	0	0	0	3.57%	7.14%	0	39.29%	35.71%
	合计	0		0		3.57%		7.14%		75.00%	
E	人数	0	0	0	0	0	1	2	0	11	10
	百分比	0	0	0	0	0	3.57%	7.14%	0	39.29%	35.71%
	合计	0		0		3.57%		7.14%		75.00%	

续表

		1		2		3		4		5	
		男	女	男	女	男	女	男	女	男	女
F	人数	0	0	0	0	2	1	3	2	8	8
	百分比	0	0	0	0	7.14%	3.57%	10.71%	7.14%	28.57%	28.57%
	合计	0		0		10.71%		17.86%		57.14%	

通过上表，我们可以看到，受访者对普通话的评价较为一致，5分特别多，超过了对其母语的评价。这是因为普通话作为通用语，影响力十分大，人们普遍认为普通话更加悦耳动听，更愿意去学习普通话，对普通话的社会交际功能十分推崇。

三　南宁市城区周边地区的语言活力

范俊军在其编译的《联合国教科文组织关于保护语言与文化多样性文件汇编》（民族出版社2006年出版）中指出，语言活力的评估主要有6项指标，即代际传承能力、语言使用者的绝对人数、语言使用人口占总人口的比例、现存语言使用域走向、语言对新语域和媒体的反映、语言教材与读写材料。

为评估南宁市城区周边地区的语言活力，我们选择代际传承能力、语言使用者的绝对人数、语言使用人口占总人口的比例、现存语言使用域走向、语言对新语域和媒体的反映这5项指标。之所以选择这5项，是因为平话没有语言教材与读写材料。

这一部分，我们主要使用“粟村不同年龄段兼通多种汉语方言人数调查统计表”来进行说明，必要时随文附上其他材料。

栗村不同年龄段兼通多种汉语方言人数调查统计表

分类		使用方言总人数		只使用平话人数		兼通平话、白话人数		兼通平话、普通话人数		兼通平话、白话、普通话人数	
性别		男	女	男	女	男	女	男	女	男	女
年龄段	61岁以上	8	10	2	7	3	3	0	0	3	0
	51～60岁	6	5	0	0	6	5	0	0	0	0
	41～50岁	13	14	0	0	10	8	0	3	3	3
	31～40岁	11	10	0	0	4	5	0	0	7	5
	21～30岁	21	13	0	0	0	0	0	0	21	13
	11～20岁	17	13	0	0	0	0	0	0	17	13
	10岁以下	6	6	2	3	0	0	4	3	0	0
	合计	82	71	4	10	23	21	4	6	51	34

（一）代际传承能力和语言使用域

代际传承能力是评估语言活力时最常用的指标之一。联合国教科文组织将代际传承能力的濒危程度划分为6个等级①：

A. 安全，下至儿童，所有年龄段的人都使用该语言；

B. 不安全，仅有部分儿童在所有场合使用该语言，所有儿童仅在有限场合使用该语言；

C. 确有危险，该语言大多由父辈及更上代人使用；

D. 很有危险，该语言大多由祖父辈及更上代人使用；

E. 极度危险，该语言多半由极少几位曾祖辈人使用；

F. 灭绝，该语言已无人使用。

根据语言使用程度的分析，平话的使用情况以“多数情况下

①范俊军编译《联合国教科文组织关于保护语言与文化多样性文件汇编》，民族出版社，2006。

使用平话，少数情况下使用其他语言”为主，白话和普通话的使用情况以“既使用白话/普通话，也使用其他语言”为主。在使用场合上，家庭内部交流大多使用平话，社会交际中大多使用白话和普通话。

再看上表中列出的平话使用人的年龄层次，我们发现使用平话的人（包括仅使用平话，兼通平话、白话，兼通平话、普通话，兼通平话、白话、普通话），每个年龄段都有。

对比上面提出的6个等级，我们发现，南宁市城区周边地区的平话目前来说是不太安全的，属于B级，因为所有的儿童仅在有限场合（家庭内部和村内）使用平话。白话目前来说也是不甚安全的，只有普通话是安全的。

我们在走访调查中发现，很多人对平话怀有深厚的感情，寄托着美好的愿望，而且愿意在行动上支持平话的研究和保护。下面是我们通过半结构式访谈与一名65岁左右的女性（注：该女性为南宁市西乡塘区鹧鸪渌村人，大学文化程度）的问答片段：

问：你喜欢说平话吗?

答：喜欢说，平话是“祖宗话”，可不能丢了。为什么说是“祖宗话”，你看，我们平话人的小脚趾指甲盖都是两瓣的。

……

问：你平时和孙子、孙女说平话吗?

答：有时候说，但是他们不爱说也不爱听，我孙子觉得平话太土了，在外面说平话会被人笑话，我儿媳也不让他说平话。

问：那你愿不愿意让孩子们以后都说平话呢?

答：我愿意，但是他们不愿意说。现在村里只有我们老太婆（这种年纪的人）才说。要是现在的孩子们不学平话，再过几代人就没人说了。

由此可见，老人们对平话的现状还是有一些担忧的，并有着将平话继续传承下去的愿望。此外，这名女性受访者还提到一种很有意思的观点：平话人的小脚趾指甲是分瓣的。然而根据2005年复旦大学公共卫生学院郝卫国等的研究，小脚趾指甲分瓣（他们称之为瓣状甲）的现象是遍布于北方汉族群体的，他们指出，“瓣状甲的发生和分布与发生于山西一带的民族融合过程及紧随其后的明朝大移民有关”①。也就是说，并不能依据是否有瓣状甲来确定是否是平话人。

（二）语言使用者的绝对人数和比例

我们认为，语言使用者的绝对人数并不是一个完全绝对的测量指标，但是按理说，使用人口的基数大，该语言的活力就不会很弱。

我们看到，粟村总共153人，能够使用平话的人数也为153人，也就是说，使用平话的绝对人口占总人口的100%，说明平话的活力还是比较旺盛的。

我们接着看粟村使用白话的人口数，为129人，使用白话的绝对人口占总人口的84.31%，与平话相比，人数和比例有些下降。

再看使用普通话的人口数，为95人，使用普通话的绝对人口占总人口的62.09%。在粟村，对使用普通话的人口的统计是不具有比较意义的，因为普通话是全国范围内的通用语，官方和民间也在孜孜不倦地推行普通话，所以普通话的活力应当大于所有的汉语方言。

（三）语言对新语域和媒体的反映

在南宁市城区周边，平话越来越受到人们的关注。

比较近的例子是，南宁市江南区于2014年5月获得“中国平话文化之乡”称号。在此基础上，2015年11月，江南区举办了首届平话文化旅游节并召开了平话文化研讨会。2015年12月，江南区邀请了国内外研究平话的专家学者，召开了“平话与

①郝卫国、边建超、朱萍：《瓣状甲的类型、分布与遗传方式——对陕西周至县某村的调查》，《人类学学报》2005年第4期。

平话文化——历史与未来座谈会”。会上，专家学者各抒己见，评议了《江南区“中国平话文化之乡”文化与旅游规划》等，为进一步建设平话文化之乡提出了很好的建议。

这说明官方对平话更加关注。从整体上看，平话绝不是一种濒危方言。

上述分析表明，南宁市城区周边地区的语言活力还是比较旺盛的。虽然平话呈现了一点不安全的苗头，但是目前看来，还是有极强的生命力的。

总的来说，平话的不安全主要体现在：经济发展和推普工作使得普通话的力量越来越强，对平话造成了一些影响，特别是在城区，普通话力量更为明显。

但是，就目前的情况看，平话的活力仍然抵得过不安全因素，在可预见的时期内，平话并不会走向衰亡。

四　南宁市城区周边地区的文化认同、民族认同与心理认同

语言调查，除了关注语言本体之外，还有另一个目的，即研究该语言的语言使用模式，语言使用者对自己的语言和所调查区域的语言的态度，对某一种语言的认同情况，对操说某种语言的使用者所处的文化背景、民族成分等的态度。语言认同不是孤立的，而是与该语言所处的文化背景、民族成分、心理归属等有着密不可分的联系。

语言认同首先体现在对本族所使用的语言具有极强的归属感与认同感，我们在“语言认同部分统计与分析”中分析了受访者对于平话的认同情况，发现受访者认为平话非常好理解、非常好记忆、非常有用、非常好听、非常亲切的比例是相当大的，超过了对于白话、普通话的认同比例。

此外，我们不仅仅把目光局限于语言本体，我们还通过半结

构式访谈的方式，调查了问卷调查中的 GM1 受访者祖孙 6 代（即 GM1 本人及其子辈、孙辈、父辈/母辈、祖父辈/外祖父辈、曾祖父辈/曾外祖父辈）的文化背景、民族成分、心理归属等状况（应受访者要求，我们隐藏了这名受访者的身份信息，以及有可能识别出来的其他相关信息）。

（一）民族心理

GM1 受访者告诉我们，他所在的村全部是壮族人，他们是在 20 世纪五六十年代进行民族成分识别时，被统一划为壮族的。但在心理上他们自己认为"我们是说平话的，是汉族人，那些嫁来的外地媳妇里，才有'真壮族'。……我的父亲、祖父，他们毫无疑问是汉族人"。

这件事说明了当地汉族人与壮族人之间的关系是十分密切的。而且当地平话人对于自己的民族成分有一种比较复杂的心理：一方面可以享受国家给予少数民族的各种优惠政策，另一方面还坚持自己的族源。

（二）婚嫁习俗

我们了解了 GM1 受访者的家庭情况。在调查中我们发现，受访者兄妹 6 人，其中一个妹妹嫁给了他口中的"真壮族"人；受访者的父辈兄妹 6 人，他父亲的大姐嫁给了一个"真壮族"人；受访者的祖父辈里，有一人娶了一个"真壮族"人；受访者的母辈里，他的一个舅舅娶了"真壮族"人。这说明当地存在汉族、壮族通婚的习俗，也为汉族、壮族之间的语言接触打下了一个很好的基础。

在婚嫁习俗上，GM1 受访者还指出，现在当地年轻人的结婚习俗有了一定的改变，但是在改革开放之前，婚嫁习俗是延续着古老的传统的，有哭嫁、十姐妹送嫁、女性婚后不落夫家等传统。哭嫁主要有两个内容：一是哭祖宗未保佑自己生为男儿；二是哭出嫁后离开娘家，难以报答父母的养育之恩。十姐妹送嫁，就是出嫁时要有十个（或多个）要好的姐妹一起陪着去夫家。不落夫家，就是新娘在婚礼之后，第二天即返回娘家，除非夫家来叫，否则不在夫家居住，这种情况一般持续到女方有身孕为止。以上三种，一般是流行于壮族地区的习俗。而我们知道，在中国的各种文化中，婚丧习俗一般是比较难改变的。这些习俗的存续，说明这个村对于壮族文化已经有了较高的认同度。

（三）妆发习俗

GM1受访者介绍，当地女性，特别是年长的妇女，都有着修眉修面的习惯，即首先在面部涂白粉，起到增加摩擦力的作用，然后用细棉绳来回揉搓面部，去除面部的汗毛；更早的时候，村中妇女喜爱留弯状、长度及眉的刘海。这些妆发习俗，也广泛存在于壮族人群之中。它们的流行，一定是对这种文化有着强烈的认同心理，才出现在当地的文化之中。

（四）生产劳动

榨糖、制酒的技术，起源于汉族人的生产劳动中。据GM1受访者介绍，因为现在物产丰盛，当地已经没有人榨糖了。但是他小时候见过父亲、堂祖母等人用甘蔗来压榨熬糖，制成的是黄糖。这种榨蔗熬糖的技艺，实际上是汉族讲平话的人带来的，现在广西还有把平话称为“蔗园话”的说法。受访者的堂祖母，正是前文所提到的“真壮族”人。由此可见，壮族人在日常生活中，也会吸收先进的生产技艺，来提高自己的生产水平。这种提高生产水平的做法，无疑是建立在壮族人对汉族文化的认同之上的。

（五）节日习俗

GM1受访者介绍，过去当地有一些现在很少见的节日活动，如抢花炮、跳灯等。抢花炮就是通过放炮让花炮圈升空后落下，然后众人围抢花炮圈的活动；跳灯指的是在地面上放置一些灯后，舞者以灯的特定位置为路线来跳舞。

查阅《广西通志·文化志》，我们发现这两种活动都是流行于南宁地区的壮族传统节日活动。一个汉族村落，采用壮族的节日习俗，这足以说明当地汉族和壮族文化交流之频繁，人们对于壮族文化认同之深。

我们通过分析南宁市城区周边地区人们的文化背景、民族成分、心理归属等，发现该区域汉族和壮族交流十分密切，特别是粟村的壮族平话人，虽然在心理上认同自己是汉族，但是在各种文化、生产、生活习俗上都有不避讳壮族的文化、生产、生活习俗的特点。既然在文化上、心理上人们有着高度的认同，那么反映在与之相伴的语言上，也必然是高度认同的。粟村的壮族平话人在民族身份认同上，更加认同自己的汉族身份。这也说明，平话作为一种在广西地区存在了1000年以上的方言，在人们心中根深蒂固地植下了对自己身份——汉族的认同。

因此，在民族认同、文化认同、心理认同、语言认同这四位一体的南宁市城区周边地区格局基础上，汉族和壮族的交流接触也就不奇怪了。

第十二章　桂南平话各时期共时代表点音系简介

一　开建话音系

（一）声母（23 个）

p 步布别盘冯	ph 怕	m 闻微武	f 飞灰化费	v 晕运
t 到道夺同	th 太	n 难怒女脑		l 兰吕连
ts 精节糟争	tsh 秋昌拆初		s 修散息生	
tɕ 招焦潮主	tɕh 处	ȵ 严软日元	ɕ 扇书诗师	
k 贵经杰权	kh 块	ŋ 岸午硬	h 开去虚	
ʋ 胡话围运	ʔ 红案			
ø 丘玄约远				

（二）韵母（84 个）

	i 支耳知以	u 故赌母	y 雨虚
a 爬架花	ia□唔～：没有	ua 瓜蛙	
ɛ 姐	iɛ 系～鞋带		
o 河保桃篙			

续表

œ 靴帅	iœ 芮汝		
		uə 过	
ɛə 蛇	iɛə 野		
ai 介		uai 怪	
ɔi 盖			
ei 知第地		uei 桂贵	
ui 倍妹			
au 饱丑	iau 友酉		
ɐu 楼修收			
ɛu 条			
əu 斗走	iəu 柔		
iu 烧			
am 胆三含减			
ɐm 林心	iɐm 壬任姓		
ɛm 廉			
om 搂			
	im 检		
an 间		uan 关	
ɛn 连			
on 搬			
ən 根紧勋	iən 人仁	uən 魂云群	
			yin 棍
	in 键	un 官	yn 酸权圆联
ɐŋ 蒸	iɐŋ 蝇	uɐŋ 弘	
ɛŋ 庚		uɛŋ 梗横	
œŋ 党讲良床	iœŋ 让		

续表

eŋ 澄			
oŋ 封	ioŋ 戎		
	iŋ 灵星琼	uŋ 光东穷	
ap 插	iap 眨		
ɐp 急	iɐp 入		
ɛp 接夹			
op 合			
	ip 摄劫业		
at 辣		uat 刮	
ɐt 出	iɐt 日	uɐt 骨	
ɛt 铁			
ot 割			
	it 舌	ut 活	yt 缺月
ɐk 直北	iɐk 翼	uɐk 抠域	
ɛk 百踢	iɛk 药	uɛk 划～船	
œk 落各确	iœk 跃		
ek 削			
uk 木郭国	iuk 沃		

（三）声调（10 个）

调类	调值	例字
阴平	55 和 33	高开婚叉差～别
阳平	35	穷寒鹅
阴上	52	古口好世
阳上	351	五近好
阴去	533	盖抗汉

续表

调类	调值	例字
阳去	22	共害岸
上阴入	5	急黑缺
下阴入	533	割切发
上阳入	35	月六局读
下阳入	2	纳麦白合

声调说明：阴平［55］有时有一个条件变体［33］，即个别阴平字，其实际读为［33］，但也可读成［55］，这时并没有意义上的区别，如“钞［$tshau^{33}$/$tshau^{55}$］”“姑［ku^{33}/ku^{55}］”。

二　福绵话音系

（一）声母（24个）

p 兵	ph 派	ɓ 八碑帮	m 麦问	f 飞副饭	v 活温王雲
t 多东甜毒资早租酒字坐全祠谢	th 讨天刺草寸清贼	ɗ 胆	n 脑南年泥	ɬ 丝三酸想	l 老蓝连路
tɕ 张竹茶柱九争装纸主	tɕh 拆抄初车春		ȵ 热软月	ɕ 床山双船顺手书十数	
k 高共权	kh 抠		ŋ 熬	h 开轻好形容词	
kw 过	khw 概		ʔ 雨	ø 县安用药响花	

（二）韵母（57 个）

	i 师丝试戏二飞	u 苦	y 猪雨
a 硬争横白	ia 响药		
œ 坐靴写			
ɔ 茶刮学	iɔ 牙	uɔ 瓦活	
ɤ 歌过	iu 溜		
ᴇ 蛇	iᴇ 嘢		yᴇ 月
ai 米鬼			
ɔi 开排鞋快			
ɐi 坭			
ui 赔对			
au 饱豆走	iau 油		
ɐu 宝			
ᴇu □［kᴇu³³］游逛			
	im 盐		
ɐm 心参			
ɔm 南			
ᴇm 鲇			
an 关	in 年		yn 权短寸
ɐn 根新滚春	iɐn□［iɐn³³］“凉”义	uɐn 雲	
ɔn 山			
ᴇn 件			
un 官			
ɐŋ 讲灯			
ɔŋ 糖床双		uɔŋ 王埌	
eŋ 病星兄升			
oŋ 东	ioŋ 用		

续表

	ip 接帖		
ɔp 盒塔鸭			
ɐp 十急			
ᴇp 挟	iᴇp 叶		
	it 节		
at 法七骨出橘	iat 一		
ɔt 辣八			
ᴇt 热	iᴇt 篾		
ak 壳			
ɐk 北			
ɔk 托国郭			
ek 直色尺锡			
ŋ̍ 五			

（三）声调（10 个）

调类	调值	例字
阴平	54	东该灯风通开天春
阳平	131	门龙牛油铜皮糖红
阴上	33	懂古鬼九统苦讨草百拍
阳上	13	买老五有动罪近
阴去	52	冻怪半四痛快寸去
阳去	11	卖路硬乱洞地饭树后後麦月
上阴入	<u>55</u>	谷节急哭切刻
下阴入	<u>33</u>	搭塔
上阳入	13	六十立
下阳入	11	莫合

三 犀牛脚话音系

（一）声母（20 个）

p 布	ph 怕步别盘	m 门闻微	f 飞灰符胡化费冯	v 围话运
t 到	th 太道夺同	n 难怒女年严	ɬ 修旋散线苏丝师诗	l 兰路吕连
ts 精节槽招焦祖主增争蒸僧	tsh 秋齐全趣仓昌枪曹巢潮醋处从虫粗初锄除	ȵ 认闰而日软	s 扇书生声税散苏丝	
k 贵经结举	kh 跪杰葵旗权桥	ŋ 岸危武危午硬	h 开丘玄去虚红休	
ʔ 芋安按雨				
ø 绕懊若约延言然缘元远				

声母说明：

（1）古全浊塞音、塞擦音声母不论平仄，一般都读为送气。

（2）心母一般读［ɬ］。

（3）疑母字多保留古读音［ŋ-］。

（4）［ts tsh s］的实际发音接近［tʃ tʃh ʃ］，记作［ts tsh s］。

（5）［v］的实际发音接近［ʋ］，但摩擦稍重于［ʋ］。

（二）韵母（66 个）

	i 资支知耳地以	u 雨虚赌母故
a 爬架花	ia□［ia^{31}］感叹语气词	ua 瓜挂卦寡剐夸垮侉跨
ɛ 蛇姐靴	iɛ 野耶惹夜爷	
o 河过多火左傻课	io 哟	
ai 介拜排卖态拉孩		uai 怪乖桧蒯
ɐi 闭批帝礼使世计	iɐi□［$iɐi^{45}$］吵闹	uɐi 桂贵轨归盔葵跪
ui 盖帅杯税爱改倍妹		
au 饱泡爪炒交孝咬傲茂		
ɐu 桃斗丑收流报否谋羞	iɐu 忧优柔游有又	
ɛu 嚼		
iu 条烧标吊笑巧焦照腰		
iu· 余馀如语羽预禹裕愈		
	im 廉甜占歼染闪检欠盐严	
am 减胆蓝三衫感暂男衔		
ɐm 含林心浸侵甚钦甘欣	iɐm 音阴荫	
	in 连变仙千扇虔轩艳年钱	
an 间班盼幻散灿餐艰眼		uan 关鳏惯
ɐn 根灵邻紧魂温云新星	iɐn 因姻印赢营匀引颖	uɐn 群君滚棍昆菌均
un 竿短酸官权船乱看安	iun 圆完元原远丸	
aŋ 党桑讲床灯郎降抗康		uaŋ 匡筐眶
ɐŋ 轰耿哽		
ɛŋ 庚横彭盲撑生冷硬坑幸猛		

续表

eŋ 良娘想将仰商香枪羌	ieŋ 央秧样羊扔盈阳	
oŋ 东红穷送房棒忙龙钟胸	ioŋ 翁容荣绒勇泳用	
uŋ 光帮榜网蒙黄汪旺逛		
	ip 接夹贴叠镊涉协叶腌	
ap 答腊插甲鸭纳猎		
ɐp 急给合立粒湿及恰	iɐp 入	
	it 舌铁别灭杰热切	
at 辣抹法萨察杀发拔		uat 刮括
ɐt 直日踢忽不物吃石佛出	iɐt 亿抑忆译液	uɐt 骨窟掘倔
ɔt 秃		
ut 月活割末泼阔说决缺	iut 穴阅越曰	
ak 北落各确塞色刻学惑墨		uak 镬
ɐk 得		
ɛk 百白陌画册额客格		
ek 略鲫鹊芍酌脚却约药弱	iek 亦溺	
ok 鹿国木绿莫熟叔谷屋	iok 欲若辱郁育	
uk 郭捉镯族轴啄		
m̩ 母~猪	ŋ̍ 五吴误吾	

韵母说明：

（1）无撮口呼韵母。

（2）[m ŋ] 可自成音节 [m̩ ŋ̍]。

（三）声调（8个）

调类	调值	例字
阴平	45	高猪专尊低边安开抽初粗天偏婚伤三飞
阳平	33	穷陈床才唐平寒神徐人龙难麻文云盖帐正对醉变爱抗唱菜怕汉世送放似
上声	35	古展纸走短比碗口丑楚草体普好手死粉五女染老暖买网有鹅娘社
去声	31	近柱是坐淡抱厚父定病命令净郑性姓患憾滥尿料茂漏庙闹效
上阴入	33	鹿谷一曲出七秃匹黑湿锡福桌接约缺尺切铁歇说发月入六药食
下阴入	55	卜～卦
上阳入	35	割窄搭百拍削纳麦袜
下阳入	22	局宅杂读白合舌俗服

声调说明：

（1）平声有阴阳之分。

（2）古全浊上声归入去声。

（3）古清去归入阳平。

（4）有个别字读入声［55］调，如［$tshit^{55}$ tsi^{35}］□子怎么样，因个数较少，不单列。

四 蔗园话音系

（一）声母（20 个）

p 布步别盘	ph 怕普坡品	m 门闻微武	f 飞符胡费	v 化话围运
t 到道夺同	th 太拖态梯	n 难怒女年	ɬ 修旋散线	l 兰路连而
ts 精节齐全	tsh 秋趣醋处	ȵ 严认饶闰	s 税扇书生	
k 贵跪杰结	kh 可规驾垮	ŋ 岸午硬艺	h 开丘休去	
ʔ 医椅腌烟				
ø 案袄若约				

（二）韵母（71 个）

	i 资支知耳蛇以	u 故过
a 爬架花	ia 丫夜	ua 瓜垮
ɛ 姐靴	iɛ 野	
ɔ 河赌		
ə 须		
ai 概介		uai 蟹怪
ɐi 西计		uɐi 魏
ɔi 倍妹		
ui 雨虚桂贵帅		
au 饱桃		
ɐu 斗母收	iɐu 幼	
ɛu 猫		
əu 救醜流	iəu 柔	

续表

iu 条烧		
	im 检廉	
am 胆三含衔剑		
ɐm 林心	iɐm 音	
ɛm 喊		
	in 连权船圆	un 官酸
an 竿间		uan 关惯
ɐn 根紧邻新魂温	iɐn 匀允	uɐn 勋群
ɔn 鸾		
ən 灵星	iən 颖	
aŋ 党桑讲		uaŋ 梗况
ɐŋ 上～山	iɐŋ 央样	uɐŋ 轰
ɛŋ 庚良横		
ɔŋ 红翁东穷胸	iɔŋ 荣	
uŋ 光		
	ip 接	
ap 合		
ɐp 急	iɐp 揖作～	
ɛp 夹		
	it 舌铁缺月	
at 辣割	iat 瞎	uat 刮
ɐt 日出活	iɐt 药	
ɛt 隔		
ɔt 霉		
ət 直踢	iət 翼	
ut 拨泼		

续表

ak 落各确		
ɐk 北色	iɐk 药	
ɛk 百	iɛk 约	
ɔk 鹿缘木	iɔk 欲	
ek 的目～		
		uk 郭国

（三）声调（10个）

调类	调值	例字
阴平	55	高猪专尊低边安开抽
阳平	31	穷陈床才唐平寒神徐
阴上	33	古展纸走短比碗口楚
阳上	411	五女染老暖买网有近
阴去	35	盖帐正醉对变爱抗唱
阳去	22	共阵助大病害树谢饭
上阴入	33	急竹织积得笔一曲七
下阴入	55	撮粒
上阳入	22	月入六纳麦袜药局宅
下阳入	35	镊雀

五　那毕话音系

（一）声母（21 个）

p 布步别盘	ph 派怕普坡	m 麦闻微武	f 飞符胡费	v 化话围运
t 多道夺同	th 讨天态梯	n 脑南女年	ɬ 丝三散线	l 老蓝路连
ts 精节齐全	tsh 刺草醋处	ȵ 热认饶闰	s 床山书生	
k 高九共权	kh 克规驾垮	ŋ 熬午硬艺	h 开轻休去	
kw 怪瓜	khw 夸	ø 响安云用		

（二）韵母（56 个）

	i 试二	u 坐过
ᴀ 茶牙瓦	ia 丫夜	ua 瓜垮
ᴇ 写靴	iᴇ 爷	
ɔ 歌苦五		
ə 个		
ʊ 污		
ᴀi 开排		
ᴇi 米师		
ɔi 倍对		
ʊi 淤于		
ui 猪雨丝		
ᴀu 宝饱		
ou 豆走	iou 油	
ᴇu 猫		

续表

iu 笑桥		
	im 盐	
ᴀm 南		
əm 参心		
ᴇm 喊		
em 演		
	in 年权	un 半短官
ᴀn 山		
ᴇn 填		
ɔn 寸		
ən 根新		uən 云
əːn 升星		
ᴀŋ 糖床讲		
ᴇŋ 硬横		
ɔŋ 东	iɔŋ 用	
əŋ 灯争	iəŋ 响	
oŋ 王双		
	ip 接贴	
ᴀp 合塔		
əp 急十		
ᴇp 捏		
	it 热节月乙	ut 拨勃
ᴀt 辣八括		
ɐt 七一活		
ət 出尺		
	ik□［tik^{55}］一～：一点	uk 郭国

续表

ᴀk 托壳		
ɐk 北色	iɐk 药	
ᴇk 百		
ɔk 谷六		

（三）声调（10 个）

调类	调值	例字
阴平	54	高猪专尊低边安开抽
阳平	42	穷陈床才唐平寒神徐
阴上	33	古展纸走短比碗口楚
阳上	13	五老买有近
阴去	35	冻怪半四
阳去	22	树动饭
上阴入	33	急谷百六叶
下阴入	55	插
上阳入	35	麦
下阳入	22	毒白盒罚

六　德胜话音系

（一）声母（19 个）

p 八兵爬	ph 派	m 麦	f 飞	v 肥
t 多东甜毒	th 讨天	n 脑南年泥	ɬ 跛	l 老蓝路连
ts 资贼竹	tsh 刺抄春	ȵ 热软月	s 丝床山书	
k 高九共	kh 开轻	ŋ 熬	h 好形灰	
ø 活县安药				

（二）韵母（87个）

ɿ 师	i 赔试戏	u 苦	y 猪雨
a 坐茶	ia 牙	ua 过瓦	
ɛ 写			
ɔ 歌	iɔ 靴	uɔ 课	
ai 排鞋		uai 快	
ɔi 睡		uɔi 汇	yɔi 骂
ei 开米		uei 鬼	
ui 对	iui 锐		
yi 归			
au 饱	iau 咬		
ɐu 豆走	iɐu 油		
əu 宝			
ɛu 丢			
iu 笑桥			
	im 盐		
am 南	iam 岩		
ɐm 心	iɐm 今		
ɛm 舔			
	in 年	un 半短官	yn 权云
an 山	ian 眼		
ɐn 根新寸	iɐn 人	uɐn 滚春	
ɛn 贬	iɛn 宪		yɛn 眷
ɔn 干			

续表

aŋ 棒	iaŋ 硬	uaŋ 筐旷	
ɐŋ 灯讲			
ɔŋ 糖床双		uɔŋ 王	
ɛŋ 争	iɛŋ 强仰	uɛŋ 横	
eŋ 兄	ieŋ 响病星		
uŋ 东	iuŋ 用		
	ip 接贴		
ap 塔鸭法	iap 狭峡		
ɐp 十	iɐp 急		
ɔp 盒			
ɛp 秕			
	it 穴	ut 活	yt 出
at 辣八		uat 刮	
ɐt 七一		uɐt 骨	
		uɔt 郭	
ɛt 哲	iɛt 热		yɛt 悦阅
ɐk 北色		uɐk 国	
ɛk 白	iɛk 着睡～		
ɔk 托			
ek 尺直锡	iek 药		
uk 谷六绿	iuk 橘		
ŋ̍ 五			

（三）声调（10 个）

调类	调值	例字
阴平	54	高猪专尊低边安开抽
阳平	31	穷陈床才唐平寒神徐
阴上	52	古展纸走短比碗口楚
阳上	35	五女染老暖买网有近
阴去	33	盖帐正醉对变爱抗唱
阳去	214	共阵助大病害树谢饭
上阴入	55	谷哭
下阴入	533	百塔
上阳入	223	月麦
下阳入	22	毒白盒罚

参考文献

1. 刊物论文

[1] 闭克朝. 桂南平话的入声 [J]. 方言，1985 (4).

[2] 曹志耘. 地理语言学与汉语方言地图集研究 [C]. 沈阳，冯胜利. 当代语言学理论和汉语研究. 北京：商务印书馆，2008.

[3] 陈保亚. 从语言接触看历史比较语言学 [J]. 北京大学学报（哲学社会科学版），2006 (2).

[4] 丁邦新. 汉语方言区分的条件 [J]. 清华学报，1982 (14).

[5] 李荣. 汉语方言分区的几个问题 [J]. 方言，1985 (2).

[6] 李连进. 桂南平话的历史来源、代表方言及其历史层次 [J]. 广西师院学报，1995 (3).

[7] 李连进. 平话人称代词的单复数形式 [J]. 语文研究，1998 (3).

[8] 李连进. 桂南平话父母子女称谓的层叠现象和来源 [J]. 修辞学习，1998 (2).

[9] 李连进. 平话是独立方言还是属于粤方言？[J]. 广西师院学报，1999 (3).

[10] 李连进. 广西玉林话的归属 [J]. 方言，2000 (2).

[11] 李连进. 平话的历史 [J]. 民族语文，2000 (6).

[12] 李连进. 南宁近郊平话方言岛 [J]. 广西师院学报，

2000 (3).
[13] 李连进. 壮语老借词、汉越语和平话的历史源流关系 [J]. 广西师院学报，2002 (4).
[14] 李连进. 勾漏片的方言归属 [J]. 民族语文，2005 (1).
[15] 李连进. 平话的分布、内部分区及系属问题 [J]. 方言，2007 (1).
[16] 李连进. 东南方言的三种演变方式：裂变、触变和同变——以广西方言为例 [J]. 南方语言学，2009 (1).
[17] 李连进. 壮、汉语言接触引发的广西南宁市五塘平话古全浊声母音值变异 [J]. 广西师范学院学报（哲学社会科学版），2012 (4).
[18] 李连进. 广西粤语与平话的实际分布 [C]. 全国汉语方言学会第十七届学术年会暨汉语方言国际学术讨论会论文集. 暨南大学，2013.
[19] 李连进. “平话”名称的由来 [C]. 第七届土话平话暨第三届濒危方言国际学术研讨会论文集. 湖南科技大学，2014.
[20] 李荣. 汉语方言分区的几个问题 [J]. 方言，1985 (2).
[21] 李小凡. 汉语方言分区方法再认识 [J]. 方言，2005 (4).
[22] 李小凡. 两广毗连地区汉语方言的归属 [J]. 语文研究，2011 (2).
[23] 李小凡. 平话的归属和汉语方言分类 [J]. 语言科学，2012 (5).
[24] 刘镇发. 百年来汉语方言分区平议 [J]. 学术研究，2004 (4).
[25] 刘新中，杨蔚，崔淑慧. 关于汉语方言分区的语言条件 [J]. 语言研究，2003 (3).
[26] 蓝庆元. 壮语中古汉语借词及汉越语与平话的关系

[J]. 民族语文，2001 (3).
[27] 罗美珍. 论族群互动中的语言接触 [J]. 语言研究，2000 (3).
[28] 梁金荣. 桂北平话语音特征的一致性与差异性 [J]. 语言研究，1998 (2).
[29] 梁敏，张均如. 广西壮族自治区各民族语言的互相影响 [J]. 方言，1988 (2).
[30] 梁敏，张均如. 广西平话概论 [J]. 方言，1999 (1).
[31] 覃远雄. 桂南平话的主元音及韵母格局 [J]. 方言，2001 (2).
[32] 覃远雄. 桂南平话的声调及其演变 [J]. 方言，2004 (3).
[33] 覃远雄. 桂南平话古晓、匣、云、以母字的读音 [J]. 方言，2005 (3).
[34] 覃远雄. 桂南平话古见组声母和日母的今读 [J]. 方言，2006 (3).
[35] 覃远雄. 平话和土话 [J]. 方言，2007 (2).
[36] 覃远雄. 广西南北平话的差异 [J]. 方言，2014 (4).
[37] 伍巍. 论桂南平话的粤语系属 [J]. 方言，2001 (2).
[38] 吴安其. 语言接触对语言演变的影响 [J]. 民族语文，2004 (1).
[39] 韦树关. 论越南语中的汉越音与汉语平话方言的关系 [J]. 广西民族学院学报（哲学社会科学版），2001 (2).
[40] 韦树关. 试论平话在汉语方言中的地位 [J]. 语言研究，1996 (2).
[41] 王福堂. 平话、湘南土话和粤北土话的归属 [J]. 方言，2001 (2).
[42] 王福堂. 文白异读和层次区分 [J]. 语言研究，2009 (1).
[43] 王洪君. 层次与断阶：叠置式音变与扩散式音变的交

义与区别［J］. 中国语文，2010（4）.
［44］王洪君. 兼顾演变、推平和层次的汉语方言历史关系模型［J］. 方言，2009（3）.
［45］王洪君. 文白异读、音韵层次与历史语言学［J］. 北京大学学报（哲学社会科学版），2006（2）.
［46］吴福祥. 关于语言接触引发的演变［J］. 民族语文，2007（2）.
［47］徐世璇. 论语言的接触性衰变：以毕苏语的跟踪调查分析为例［J］. 语言科学，2003（5）.
［48］熊正辉，张振兴. 汉语方言的分区［J］. 方言，2008（2）.
［49］杨焕典，梁振仕，李谱英，等. 广西的汉语方言（稿）［J］. 方言，1985（3）.
［50］詹伯慧. 对"平话"问题的再认识［J］. 贺州学院学报，2007（1）.

［51］詹伯慧. 广西"平话"问题刍议［J］. 语言研究，2001（2）.
［52］詹伯慧. 方言分区问题再认识［J］. 方言，2002（4）.
［53］詹伯慧，崔淑慧，刘新中，等. 关于广西"平话"的归属问题［J］. 语文研究，2003（3）.
［54］张均如. 广西平话中的壮语借词［J］. 语言研究，1987（1）.
［55］张均如. 记南宁心圩平话［J］. 方言，1987（4）.
［56］张均如，梁敏. 广西平话［J］. 广西民族研究，1996（2）.
［57］张均如，梁敏. 广西平话［J］. 广西民族研究，1996（3）.
［58］张均如，梁敏. 广西平话（续2）［J］. 广西民族研究，1996（4）.
［59］郑作广. 桂南平话形成发展的历史过程［J］. 广西大学

学报（哲学社会科学版），1990（4）.
[60] 过伸久. 南宁平话字音记略［J］. 艺文研究，1994（65）.

2. 专著

[1] 陈保亚. 20世纪中国语言学方法论［M］. 济南：山东教育出版社，1999.
[2] 陈海伦，李连进. 广西语言文字使用问题调查与研究［M］. 南宁：广西教育出版社，2005.
[3] 广西壮族自治区地方志编纂委员会. 广西通志·汉语方言志［M］. 南宁：广西人民出版社，1998.
[4] 李连进，朱艳娥. 广西崇左江州蔗园话比较研究［M］. 桂林：广西师范大学出版社，2009.
[5] 李连进. 平话音韵研究［M］. 南宁：人民出版社，2002.
[6] 李如龙. 汉语方言学：第二版［M］. 北京：高等教育出版社，2007.
[7] 罗常培，王均. 普通语音学纲要［M］. 北京：商务印书馆，2002.
[8] 南宁市地方志编纂委员会. 南宁市志·文化卷［M］. 南宁：广西人民出版社，1998.
[9] 潘悟云. 汉语历史音韵学［M］. 上海：上海教育出版社，2000.
[10] 唐作藩. 音韵学教程：第三版［M］. 北京：北京大学出版社，2002.
[11] 王福堂. 汉语方言语音的演变和层次：修订本［M］. 北京：语文出版社，2005.
[12] 王洪君. 历史语言学方法论与汉语方言音韵史个案研究［M］. 北京：商务印书馆，2014.
[13] 王力. 汉语语音史［M］. 北京：中国社会科学出版社，1985.

［14］王力．汉语音韵学［M］．北京：中华书局，1981．
［15］王力．汉语史稿［M］．北京：中华书局，2004．
［16］徐通锵．历史语言学［M］．北京：商务印书馆，1991．
［17］谢建猷．广西汉语方言研究［M］．南宁：广西人民出版社，2007．
［18］游汝杰．汉语方言学教程［M］．上海：上海教育出版社，2004．
［19］袁家骅，等．汉语方言概要：第二版［M］．北京：语文出版社，2001．
［20］张均如，梁敏，欧阳觉亚，等．壮语方言研究［M］．成都：四川民族出版社，1999．
［21］郑作广．语言学探求［M］．南宁：广西教育出版社，2006．
［22］郑作广．宜州德胜百姓话研究［M］．南宁：广西民族出版社，2014．
［23］中国社会科学院语言研究所．方言调查字表：修订本［M］．北京：商务印书馆，1981．
［24］中国社会科学院语言研究所．中国语言地图集·汉语方言卷［M］．北京：商务印书馆，2012．
［25］中国语言文字使用情况调查领导小组办公室．中国语言文字使用情况调查资料［M］．北京：语文出版社，2006．
［26］罗伯特·迪克森．语言兴衰论［M］．朱晓农，严至诚，洪英，等译．北京：北京大学出版社，2010．
［27］Dixon R M W. The Rise and Fall of Languages［M］. Cambridge：Cambridge University Press，1997.

编　后　记

“桂南平话研究”丛书主要融进了4个科研课题和1个建设项目的研究成果。4个科研课题：一是2011年国家语言文字工作委员会科研项目“桂南平话与社会认同”（ZC125-17）；二是2012年国家语言文字工作委员会科研项目“广西（桂中南地区）语言资源有声数据库建设与研究”（WT125-16104）；三是2011年广西哲学社会科学课题“广西汉语变异方言调查研究”（11BYY010）；四是2010年广西教育科学规划课题“桂南平话研究”（2010A47）。一个建设项目为自治区语委和教育厅“中国语言资源有声数据库广西库建设广西经济管理干部学院项目”。课题组组长和项目主持人均为郑作广，研究成员主要有：周本良、刘村汉、韦彩珍、李连进、覃宇环、黄英富、杨丕芳、韦扬波、莫瑞扬、陈仕华、梁伟华、李永玲、覃世贞、黄海瑶、赵媛、黄以进、曹光新等。丛书主编为郑作广，执行主编为周本良，学术顾问为刘村汉。丛书的12本专著分别是：郑作广、韦扬波的《宜州德胜百姓话研究》，莫瑞扬的《宜州莫村百姓话研究》，黄英富的《宾阳大桥客话研究》，周本良、陈仕华的《融安百姓话研究》，韦彩珍的《三江六甲话研究》，覃世贞的《田东蔗园话研究》，杨丕芳、黄以进、黄英富的《上林客话研究》，杨丕芳、黄海瑶的《横县客话研究》，周本良的《扶绥平话研究》，梁伟华、曹光新的《龙州伝话研究》，郑作广、李连进的《桂南平话的形成与嬗变》，赵媛、李连进的《桂南平话比较研究》。

以 4 个科研课题和 1 个建设项目支撑的“桂南平话研究”系列，从 2010 年起就逐步展开，2014 年开始陆续出版。参与研究的全体成员，虽然来自不同的单位、学校，但他们在课题组组长、主编郑作广的团结带领下，齐心协力，不辞辛劳，充分利用节假日等休息时间，深入实地调查研究，做足做好田野作业，有的甚至挑灯夜战。特别是广西语言学界前辈刘村汉老先生，不顾年事已高，除做好课题、丛书的策划及学术把关之外，还亲自到语言点做田野作业调查，为课题研究和丛书出版倾注了大量心血和精力，令人感动！课题组主要成员、丛书执行主编周本良也亲力亲为，为课题研究和丛书出版做了大量的工作。可以说，参加调查研究和出版的每一位成员都为此付出了大量的心血和艰辛的劳动，可敬可佩！

为了课题研究的顺利进行和丛书的高质量出版，课题组每年都要集中七八次反复讨论、反复修改、反复交换意见。为了语言调查的科学、客观、全面、准确，每个语言点都进行好几次实地调研核实，有的甚至达六七次之多，力求精益求精。语言研究是一项十分艰苦的科研工作，反复深入语言点调查，既费脑力，又耗体力，辛劳的田野作业要栉风沐雨，材料的整理研究要耐得住枯燥寂寞，坐得住冷板凳。今天，我们看到一项项课题在手中逐步完成，一本本研究成果陆续出版，虽苦犹甜，感到十分欣慰！

丛书的顺利出版，得益于多方面的大力支持。首先是新闻出版总署、财政部民族文字出版专项资金给予了经费资助，其次是国家语委、广西哲社办、自治区教育厅和语委办慧眼识珠，给予一个个科研项目立项，特别是广西新闻出版广电局和广西民族出版社，专门以这套丛书作为重点项目向国家民族文字出版专项资金项目申报并获立项资助。广西民族出版社为丛书的策划、编辑、印刷、出版给予了大力支持。对课题研究和丛书出版给予关心帮助的相关单位和各位同志，我们在此致以衷心的感谢！

丛书由郑作广、周本良、刘村汉终审。书中如有不足之处，敬请各位专家学者及广大读者批评指正。

“桂南平话研究”课题组

2020年12月